《十二月党人起义》

瓦西里·蒂姆

1853 年

《不期而至》

伊里亚·叶菲莫维奇·列宾

1884 年

《1905 年 10 月 17 日示威》

伊里亚 · 叶菲莫维奇 · 列宾

1907—1911 年

《国务会议》

伊里亚·叶菲莫维奇·列宾

1903 年

《在罗斯大地上（民族魂）》

米哈伊尔·瓦西里耶维奇·涅斯捷罗夫

1913 年

Вехи

Сборник статей о русской интеллигенции

路 标

论俄国知识分子文集

[俄]米·奥·格尔申宗
尼·亚·别尔嘉耶夫 等◆著
徐凤林 张百春 等◆译

西苑出版社
XIYUAN PUBLISHING HOUSE
·北京·

中译本导言

2009 年 3 月，当代俄罗斯著名哲学家霍鲁日（С.С.Хоружий，1941—2020）在纪念《路标》文集出版 100 周年的讲话中说："《路标》是一部诊断的书，它谈论的是早已过去的危机，那是俄罗斯社会和意识的危机，俄罗斯生活原则的危机。看看《路标》之后的一个世纪，我们发现，那时的危机根本没有结束。"[①]这就意味着，这部文集的思想对于认识当今的俄罗斯仍然具有现实意义。

① 霍鲁日：《〈路标〉之后的一个世纪或过了两三个俄罗斯之后》，张百春译，《俄罗斯文艺》，2011 年第 1 期。

那么，《路标》文集是一部怎样的著作？

《路标》是由七位俄国哲学家、历史学家、法学家共同参与撰写的论文集。其核心内容在于反思和批判俄国激进知识分子的社会政治活动及其背后的道德理想与价值观念，这些分析广泛涉及俄罗斯的历史与文化、政治思想、法律观念、伦理道德观念等方面。文集于 1909 年 3 月出版后，立即引起轰动效应。到 1910 年 2 月，一年内四次再版，出现了 219 篇回应文章，5 本评论文集，国内外举办多次研讨会。回应者包括各种政治思想派别的著名代表，有文化保守派、民主派、自由主义者和革命者，包括哲学家、社会学家、政论家、作家、诗人、文学评论家等。

这本文集为什么能够引起如此巨大的反响？我们认为大致有三个原因。首先，文集具有强烈的现实性。半个多世纪以来，由俄国革命派知识分子主导的、通过民众暴动所造成的政治变革，并没有取得理想的结果。1905 年虽然实现了君主立宪制，但此后几年民主机制并未建立，政治动荡不安，无政府主义状况频现。因此，《路标》文集对这些迫切的现实问题的反思引起了俄国社会各界的热烈讨论。其次，那个时代是俄罗斯思想和文化繁荣的时代，学术争鸣异常活跃，加之文集作者大多是当时的著名学者，甚至是某些思想流派的代表人物，在学界有广泛影响。这种情况也使得该文集备受关注。最后，也是更为重要的原因，在于该文集的深刻思想性。文集提出了一系列尖锐问题，对这些问题的分析和揭露不仅限于俄国知识分子这一对象，而且触及了俄罗斯社会政治和思想文化的深层结构。

那么，《路标》文集的宗旨是什么？提出了哪些问题？俄国哲学家帕·伊·诺夫戈罗采夫（П.И.Новгородцев，1866—1924）在1918年的《俄国知识分子的任务与道路》一文中对此进行了概括，他指出，文集参加者想要号召俄国知识分子重新检查他们迄今为止赖以为生的那些信念，那些信念给他们带来了1905年的巨大失望，并且，未来必将给他们带来更沉痛的失望。文集参加者本身也是俄国知识分子的最著名代表，他们没有号召知识分子拒绝思想创造，也没有号召他们弃绝对自己切身使命的信仰，而是只想指出，俄国主流知识分子迄今为止所走的道路，是一条错误的和毁灭的道路，他们可以也应当走另一条道路，这是很久以前俄国知识分子的伟大代表恰达耶夫、陀思妥耶夫斯基、索洛维约夫号召他们走的道路。如果他们不走这条道路，而是选择巴枯宁、车尔尼雪夫斯基、拉夫罗夫和米哈伊洛夫斯基作为自己的领路人，那么，这既是俄国知识分子自身的巨大不幸，也是俄国的巨大不幸。因为这是一条堕落的道路，是背离积极的生活原则的道路。抛弃这个走向深渊和毁灭的传统，回归历史的客观基础——这是俄国知识分子应当给自己提出的任务。这是展现在俄国知识分子面前的两条道路，一条是生路，一条是死路。应当做出选择，这个选择也关系到国家的命运。这就是文集的结论。①

具体来说，文集的前言和七篇文章的大致思想观点可以概述如下。

文集的主要组织者和作者之一，历史学家米·奥·格尔申宗（М. О. Гершензон，1869—1925）在文集的前言中指出了两种对立的原则立场，一种是文集参与者共同具有的立场，认为精神生活在理论和

① Вехи. Из глубины. Москва, Издательство «Правда», 1991. С. 424.

实践上优先于人类社会的外部制度。他们确信，“个人的内心生活是人类存在的唯一创造力量，只有它，而不是政治制度的某些独立自在的原则，才是一切社会建设的唯一牢固的基础”。而俄国激进派知识分子的意识形态则是建立在相反原则基础上的，他们否定精神生活，为社会生活牺牲精神生活，这是与人的精神本性相矛盾的，也是在实践上无成果的，不能达到他们给自己提出的目标，即解放人民。

哲学家尼·亚·别尔嘉耶夫(Н. А. Бердяев，1874—1948)在《哲学真理与知识分子的真理》一文中，从对待哲学的态度上揭露了俄国激进知识分子的功利主义。这些特殊的、“小圈子的”知识分子缺乏哲学修养，否定哲学的真理意义，使哲学服从于功利主义的道德准则。对“人民利益”和“无产阶级”的崇拜，成为这些知识分子的最高价值与“真理”（правда），压倒了具有普遍意义的哲学真理（истина）。他们之所以不重视哲学创造乃至一切精神价值创造，是因为他们具有这样一种深层的“内心结构”和“精神本原”：“在俄国知识分子的意识和情感中，对分配和平等的需求总是高于对生产和创造的需求。”俄国历史在俄国知识分子身上塑造了一种与客观主义和普遍主义相对立的心理结构。因此，俄国知识分子只热衷于根据政治和功利主义标准来评价哲学真理，没有兴趣和能力从绝对价值的观点来研究哲学和文化创造。俄国知识分子感兴趣的不是“形而上学是不是可能的”、“形而上学真理是否存在”的问题，而是“形而上学是否会对人民的利益有害、是否会使人偏离同专制制度的斗争和为无产阶级的服务”的问题。俄国知识分子愿意相信任何哲学，只要它有利于知识分子的社会理想；同时也可以抛弃任何最深刻的和真正的哲学，如果这种哲学被怀疑是不利于这些理想的，或者仅仅是对这些理想持批判态度的。他们不能无私地对待哲学，他们要求真理成为社会变革的工具和实现所谓人民幸福的工具。

哲学家谢·尼·布尔加科夫（С. Н. Булгаков，1871—1944）在《英雄主义与苦修主义》一文中深刻分析了俄国知识分子在国内政治环境与西方思想的影响下形成的革命性和非道德性。一方面，俄国政府始终对知识分子进行警察式的监督，他们经常遭到来自政府方面的打击和迫害，这使得他们在心理上有一种受难意识。

因此，在俄国知识分子身上带有一种狂热的英雄主义精神和冒险精神，他们仇恨沙皇政府，时刻准备着推翻它，这种仇恨和破坏的情绪，构成了俄国知识分子的“革命性”的基础。另一方面，俄国知识分子深受西方启蒙思想影响，把无神论置于自己世界观的核心。无神论最终成为大部分知识分子的新“信仰”。丧失了原本的宗教信仰后，知识分子摆脱了罪的观念的束缚，陷入自我麻醉和幻想之中，把自己的阶层神化，立志为解放俄国人民和整个人类而奋斗。为了达到这个目的，他们不惜使用各种极端的手段。这一最高目的成为他们的无原则性和非道德性的有力辩护。在实践上，他们没有个人责任的观念，道德意识薄弱，为了“崇高的目的”，“一切都是允许的”。

历史学家米·奥·格尔申宗在《创造性的自我意识》一文中揭示了俄国知识分子的致命弱点，即知识分子的生活完全被社会舆论所捆绑，认为只有关心社会公益才是真正的人，这实际上是以关心社会问题的名义放弃对自我个体精神发展即个体意识的关注，必然导致其精神无力。格尔申宗认为，一切生命存在都是个体性的，而人又具有自我意识，所以人应关注个体的精神状况。他分析了人的精神结构，认为在意识与意志的关系中，意识应该摆脱外界强加的指令，服从内心意志，通过思考使自己成为完整而正常的人，而不是处于分裂状态。俄国知识分子忽视个体的发展，违反内心天性，热衷于社会公众生活，成为激进盲目的力量；他们与人民脱节，更无力反抗专制暴政。格尔申宗认为革命的失败暴露了知识分子的精神危机，同时也为知识分子提供了转机，可以使知识分子有选择和思考的自由，从而肯定自我个体是一种强大的力量，指向创造性的自我意识，帮助其摆脱精神危机。

法学家博·亚·基斯嘉科夫斯基（Б.А.Кистяковский，1868—1920）在《维护法律——知识分子与法律意识》一文中揭露了俄国知识分子的法律意识水平的低下。作者指出，俄国激进知识分子从外部和形式上理解法，把法看作是法规大全，不明白法的本质。然而，一切文明民族走向政治和社会的进步，都是以对法的兴趣和法的发展，以及社会各基层法律意识的形成为基础的。在俄国，法从来没有引起过深刻兴趣。问题不在于没有杰出人物，而在于没有对法律观念的兴趣，这是因为“在俄罗斯人民日常生活中没有任何法律秩序”。“法律的主要的和最根本的内涵是自由。当然，这是外在的、相对的、受社会环境制约的自由。但内在的、更加绝对的、精神的自由，只有在有外在自由的情况下才是可能的，外在自由是内在自由的最好训练班。”“俄国知识分子不具有那种使他们内心守纪律的法律信念。我们之所以需要外部纪律，正是因为我们没有内心纪律。”俄国知识分子排斥法律，诉诸伦理道德，认为人们可以绕过法律规范，法律是形式现象、外部现象，伦理道德才是内在的真正的现象。他们忘记了，仅仅以道德为基础不可能建立具体的社会制度。作者认为，法律观念不可能从别处照搬并直接嫁接在本国土地上，社会需要对法律观念有所体验，而俄国没有这样的体验。若要把国家政权从“强权变成法治”，必须对社会进行法律意识上的重建。

经济学家、哲学家彼·别·司徒卢威（П. Б. Струве，1870—1944）在《知识分子与革命》一文中认为，1905—1907 年革命是激进知识分子鼓动民众暴动给国家带来的政治危机。他认为造成这一危机的思想根源潜藏于激进知识分子的道德观念和政治观念中。从他的分析中，可以看到俄国激进知识分子犯了五个错误（甚至罪过）。第一，对国家的背叛。俄国知识分子的思想形式是对国家的疏远和敌视。背叛的绝对形式表现为无政府主义，相对形式是形形色色的革命激进主义。第二，在对待人民大众的态度上犯了道德的错误。知识分子虽然具有苦修精神和自我牺牲精神，但是缺乏作为支配个人生活和社会生活之原则的个人责任思想，当他们“为人民服务”的时候，不认为人民也应当有自己的义务。因此他们的为人民服务精神也就“失去了根本的道德意义和教育的力量”。第三，知识分子否定对人民大众的教育。“俄国激进的知识分子在提出最激进的要求并为此号召人民付诸行动的时候，完全否定了政治中的教育，并用唤起亢奋情绪的方式取代教育。”结果是“民粹派的说教在历史现实中变成了为所欲为和道德败坏”，而“在没有教育思想的政治中只有两种可能性：一种是专制制度，一种是暴民政治”。第四，对政治变革与进步的理解。激进知识分子认为“社会进步可以不是对人的改进所得到的成果，而是这样一种赌注，用激发民众的方法就能在历史的游戏中强行得到这个赌注”。第五，对政治与教育的关系的错误理解。激进知识分子把政治归结为社会生活的外部安置，归结为不同社会力量之间的竞争，使精神生活服从于外部含义上的政治。作者指出，这种错误理解应当加以改变，政治不是外部斗争，而是提高人民精神生活（道德水平）的手段，政治是为教育的理念服务的；教育的理念不是建立外部社会环境并依靠它发挥对个人的教育功能，而是人的精神创造，“是人对自身的积极改进，是为了创造的任务而在内心深处展开的自我斗争”。

哲学家谢·柳·弗兰克（С. Л. Франк，1877—1950）在《虚无主义的伦理学》一文中深刻挖掘了俄国革命知识分子道德世界观的根源，主要包括三种根源。一是虚无主义的功利主义，它否定一切绝对价值，把为人民的物质利益服务看作是唯一道德目标；二是极端道德主义，它要求个人自我牺牲，绝对服从社会利益；三是反文化倾向，它力图把所有人变成“劳动者”，为实现普遍平等而压缩高级需要。20 世纪初的俄国知识分子不同于 19 世纪 70 年代“到民间去”的民粹主义实践者，而是成为革命者，这些革命者的存在是“现代俄罗斯文化的不幸”。因为他们只想着未来人们的幸福，为此与现有的恶作斗争，为了未来而不惜牺牲自己和他人的生命。他们的爱未来实际上是爱神话，确切地说，爱的是自己关于未来的观念和自己为未来所进行的斗争，而把现实的他人要么作为世界之恶的源头，要么作为这种恶的牺牲品。为了达到这个目的，他们需要对现有世界进行破坏，因此，他们的基本道德命令是恨。这种对人民敌人的恨成为他们生活的心理基础。

政论家亚·索·伊兹果耶夫（A. C. Изгоев, 1872—1935）的《关于知识分子青年》一文与其他作者取材不同，他把注意力放在俄国知识分子的成长阶段——童年和青年时期。作者在自己青少年时代的亲身经历和感受的基础上，追踪考察了俄国青年知识分子从家庭到学校、再从学校到社会的发展变化，并与英法德等国的学生进行了横向比较。作者一方面指出，俄国专制制度对青年精神面貌的负面影响——学校作为政治工具、小组活动被打入地下、进步界对学生一味逢迎；另一方面更强调指出，青年因缺乏正常的家庭学校教育和社会接纳而陷入隔绝状态，在伙伴关系中养成妄自尊大、打击异己和盲目服从等心态，打着社会活动的幌子荒废学业、肆意妄为，用高尚的精神目标掩盖卑劣的行为和无所作为，最后，不甘平庸者甚至自寻毁灭以求得证明。作者对俄国知识分子以往的斗争方式和结果做出反省和检讨，呼吁青年学生走出狭隘圈子，努力学习知识和技能，提高自身道德修养。

针对《路标》作者们的这些分析与号召，俄国当时的主流知识分子是怎样回答的呢？他们是否认同《路标》的观点？根据诺夫戈罗采夫的见证，当时的主流知识分子方面的反应几乎是一致地反对和谴责！他们说，俄国知识分子没什么可重新检查的，也没什么可改变的。他们应当继续自己的工作，不需要拒绝任何东西，而是要坚决地指出自己的目标。他们指责"路标派"思想是反动的产物，是疲劳和沮丧的结果。其代表人物维佩尔教授在1912年写道："我们伟大的国家在许多方面是不幸的，但有一种东西是健康的和强大的，并且能够许诺出路和解放——这就是俄国知识分子的思想和激情。"①

的确，俄国激进派知识分子继续了《路标》作者所力图阻止的道路。几年之后，俄国发生了更大的革

① Проф. Р. Виппер. Две интеллигенции и другие очерки. М., 1912. С. 24–25.

命。又几十年之后，国家发生了剧变。许多历史事件和思想观念得到了重新评价。《路标》文集再次引起知识界的广泛关注。自 1990 年至今，《路标》文集在俄罗斯出版发行总数达到 30 多万册。在文集出版 90 周年和 100 周年的纪念日，俄罗斯学界都组织了专题研讨会。这证明，《路标》文集对那个时代症结的分析和揭露，其意义不仅限于那个时代。

俄罗斯历经百年风云变幻，但正如霍鲁日教授所说，“俄罗斯生活原则的危机”并未结束，甚至更加显著。透过《路标》文集的分析批判，我们能够隐约看到这一危机背后的民族文化和价值观念的根源。

当然，像任何观点都具有时代特殊性一样，《路标》思想也具有其历史局限性，我们译介这部著作，不意味着完全认同其中的理论观点，相信读者也能够有自己的鉴别。但由于这些理论是针对俄国知识分子及其精神文化的，而且这些观点也反映了俄罗斯精神的某些特性，因此，《路标》的思想观点对于我们研究俄罗斯历史文化仍然具有借鉴意义。

本书翻译由中国社会科学院哲学研究所马寅卯研究员召集组织，多位俄罗斯哲学与文化研究专家合作完成。文集前言及七篇论文依次由北京大学徐凤林教授、北京师范大学张百春教授、北京第二外国语学院张变革教授、河北师范大学郭小丽教授等负责翻译。

感谢西苑出版社领导和各位编辑的大力支持和辛勤工作。

译 者

2022 年 11 月 8 日

《哲学家》

米哈伊尔·瓦西里耶维奇·涅斯捷罗夫

1917 年

左：帕·亚·弗洛连斯基

右：谢·尼·布尔加科夫

目　录

Оглавление

前　言

ПРЕДИСЛОВИЕ

米·奥·格尔申宗 著

徐凤林 译

这本文集的论文不是为了像教条主义者那样，站在已知真理的高度审判俄国知识分子，也不是为了对俄国知识分子的那段过往进行高傲的鄙视，这些论文是带着对那段过往的痛心、带着对祖国未来的强烈忧虑写成的。1905—1906 年革命及其后继事件的出现，仿佛是对俄国社会思想在半个多世纪以来将之奉为最高圣物来遵守的那些价值进行的一次全民测验。一方面，个别有思想的人从某些先验的设想出发，早在革命很久之前就已经明确看到了这些精神原则的错误；另一方面，社会运动本身的外部失败，当然还不能证明引发这一运动的那些思想是具有内在不正确性的。这样，就本质而言，俄国知识分子的失败并未暴露出任何新东西。但这个失败在另一种意义上具有重大意义：第一，这个失败令广大俄国知识分子深受震动，使他们觉得需要自觉地检验知识分子的传统世界观的那些基础，这些基础在此之前一直是被盲目信仰的；第二，事件的细节，也就是革命及其镇压所采取的具体形式，使那些大致意识到这种世界观之错误的人，能够更清楚地了解那段历史的罪过，并更加令人信服地表达自己的思想。于是就产生了这本书：它的参与者们不能不说出对他们而言已经显明为真理的东西，同时他们都怀有这样的信念，即他们是在以自己对俄国知识分子之精神基础的批判，去迎合大家普遍意识到的对这种检验的需要。

在此为了一个共同事业而联合在一起的几个人，有的彼此之间无论在“信仰”的基本问题上，还是在自己的实践愿望上，都远不一致，但他们在这一共同事业上没有分歧。他们的共同立场是，精神生活在理论和实践上优先于社会生活的外部形式，其含义是，个人的内心生活是人类存在的唯一创造力量，只有它，而不是政治制度的某些独立自在的原则，才是一切社会建设的唯一牢固的基础。从这一观点看，俄国知识分子的意识形态——这种完全建立在相反原则基础上，即建立在认定社会形式的优先地位这一基础上的意识形态，对于文集参与者来说，是具有内在不正确性的，也就是与人的精神本性相矛盾的；同时，这种意识形态也是在实践上无成果的，也就是没有能力实现俄国知识分子为自己提出的目标，即解放人民。在这一共同思想界限内，文集参与者之间没有分歧。从这一思想出发，他们从不同侧面研究俄国知识分子的世界观，如果在某些情况下，比如在知识分子的“宗教”本质问题上，似乎显得有些矛盾，那么，这个矛盾也不是来自上述共同原则中的思想差异，而是由于不同的作者是在不同层面上研究这个问题的。

我们不是审判过往，因为我们清楚，过往的历史是必然发生的，但我们要指出，社会迄今为止走过的道路，已经把社会带入绝境。我们的警告并不新鲜：从恰达耶夫到索洛维约夫和托尔斯泰，我们全部的深刻思想家所反复强调的也正是这一点。他们的话没人听，俄国知识分子与他们擦肩而过。也许，现在已被巨大的震动唤醒了的俄国知识分子，将会听见那更加微弱的声音。

1909 年

哲学真理与知识分子的真理[1]

尼·亚·别尔嘉耶夫／著

张百春／译

在知识分子产生危机和他们对自己的错误进行认识的时代，在对旧意识形态进行重估的时代，必须要研究一下我们对哲学的态度问题。俄罗斯知识分子对待哲学的传统态度比初看起来给人的印象更复杂，对这个态度的分析可以揭示我们知识分子世界的主要精神特征。我是在知识分子这个词的传统－俄罗斯意义上谈知识分子，谈我们的小组知识分子（кружковая интеллигенция），他们被人为地从全民族生活中分离出来。这个独特的世界至今还在双重压制下过着封闭的生活，一方面是外在的墨守成规的压制——反动的政权，另一方面是内在的墨守成规的压制——思想的惰性和情感的保守性，人们称这个独特的世界为“知识分子习气（интеллигентщина）”，以区别于广义的、全民族的和一般历史意义上的知识分子，这不是没有根据的。有这样的俄罗斯哲学家，俄罗斯知识分子不愿意了解他们，并将其归入另外一个敌对世界里，其实，这些哲学家也是知识分子，但他们与“知识分子习气”格格不入。我们特殊的、小组的知识分子对待哲学的传统态度如何？尽管哲学时髦迅速更替，但这个态度总是不变的。基本心理秩序中的保守主义和因循守旧在我们这里与对新事物、对欧洲最新思想流派的迷恋结合在一起，这些流派从来也没有被深刻地理解。在对待哲学的态度上也是如此。

我们首先看到的是，对待哲学的态度和对待其他精神价值一样，也是缺乏修养的：哲学的独立意义被否定了，哲学服从功利－社会的目的。功利－道德准则排他性的、专横的统治，同样排他性的和压制性的爱人民（народолюбие）和爱无产阶级（пролетаролюбие）的统治，对“人民”的崇拜，对人民的好处和利益的崇拜，政治专制的精神压制——所有这一切都导致一个结果，哲学文化的水平在我们这里是十分低下的，哲学知识和哲学发展在我们的知识分子中间很少获得传播。只是在个别人那里才能遇到较高的哲学文化，他们因此已经从“知识分子习气”的世界里分离出来。但是，在我们这里不但缺乏哲学知识——这是可以改正的不幸，——在我们这里占统治地位的是这样一种内心结构和评价一切的方法，它们致使真正的哲学处在封闭的和不被理解的状态，而哲学创造则被认为是另外一个神秘世界里的现象。也许，有人读过哲学书，表面上理解了所读的内容，但是，他们内在地同样很少与哲学创造的世界结合，就像很少与美的世界结合一样。这一点不能用理智的缺陷来解释，而应该用意志的指向来解释，这个意志塑造了传统的、顽固的知识分子环境，他们在自己的骨子里接受了民粹主义世界观和至今也没有消失的功利主义评价方式。在我们这里，献身于哲学创造长期以来几乎被认为是不道德的，这种类型的职业被看作是对人民和人民事业的背叛。过分沉浸在哲学问题之中的人被怀疑是对农民和工人的利益漠不关心。知识分子按照苦修的方式对待哲学创造，并要求节制，一方面是为了自己的神——人民，另一方面是为了保存力量，以便同魔鬼——专制制度进行斗争。对待哲学的这个民粹主义－功利主义－苦修主义的态度也存在于这样的知识分子流派里，它们表面上克服了民粹主义，放弃了简单的功利主义，因为这个态度根植于潜意识的领域。对待哲学，以及对待一切精神价值创造的这种态度的心理基础可以这样来表述：在俄罗斯知识分子的意识和情感中，对分配和平等的需求总是高于对生产和创造的需求。无论是对物质领域，还是对精神领域，它都是正确的：俄罗斯知识分子就像对待经济生产那样对待哲学创造。知识分子总是愿意接受这样的意识形态，其中的核心地位被赋予了分配和平等问题，整个创造都被忽视，在这里，知识分子表现出来的信任是无限的。知识分子对待把创造和价值置于中心地位的意识形态持怀疑态度，并预先就决定果断地否定和揭露它。这样的态度断送了米哈伊洛夫斯基[2]的哲学天赋，也同样断送了乌斯宾斯基[3]巨大的艺术天赋。许多人都放弃哲学和艺术的创造，因为他们认为，从对分配和平等的需求的观点看，这是不道德的事业，认为这是对人民福祉的背叛。70年代，在我们这里甚至有这样一个时期，读书和扩充知识并不被认为是特别有价值的事情，对教育的渴望遭到道德上的谴责。这个民粹主义的蒙昧时代早就过去了，但毒素却残留在血液里。在革命的日子里，对知识、对创造、对高级精神生活的迫害又重演了。甚至直到今天，在知识分子的血液里还有那种病菌。占统治地位的还是原来的那些道德判断，无论他们在表面上掌握了多少新词汇。我们的知识青年至今还不能承认科学、哲学、教育、大学的独立意义，至今还在服从政治、党派、流派和小组的利益。至于绝对的和独立的知识，作为超越社会迫切问题之上的原则的知识，其保卫者们仍然被怀疑是反动的。国民教育部的活动总是助长对待知识神圣性的这种不敬态度。政治上的专制主义严重地歪曲了先进知识分子的心灵，以至于新的精神只能艰难地向青年人的意识里渗透。①

但是，不能说，俄罗斯知识分子与哲学的话题和问题格格不入。甚至可以说，我们的知识分子总是关心哲学性质的问题，尽管它们不是按照哲学的方式被

---

① 我对知识分子心理描述的合理性被围绕《路标》所产生的争论的性质出色地证明了。只是我没有预料到，对《路标》里的精神－改革工作进行实质性批判方面表现出的无能竟是如此普遍。——第三版注释

提出的：他们甚至赋予最实际的社会需求以哲学特征，把具体和个别的东西变成抽象和一般的东西，把农业或工人的问题看作是世界拯救的问题，社会学说对他们而言也蒙上了几乎是神学的色彩。这个特点也反映在我们的政论作品里，政论作品教导生命的意义，它与其说是具体的和实际的，不如说是抽象的和哲学的，甚至在考察经济问题时也是如此。西方派和斯拉夫派[4]——不但是政论方面的流派，而且也是哲学流派。俄罗斯知识分子的鼻祖之一别林斯基[5]不懂哲学，没有掌握哲学思维方法，但是，那些令人诅咒的问题，世界性和哲学性的问题却折磨了他的一生。托尔斯泰和陀思妥耶夫斯基小说的主人公们也在思考同样的哲学问题。60 年代，哲学曾处在被忽视和衰落的状态，尤尔克维奇[6]就遭到轻视，与车尔尼雪夫斯基[7]相比，他无论如何都是个真正的哲学家。当时，人们迷恋最简单和最低级的哲学形式，即唯物主义，这个迷恋的特征还是能反映出对哲学性和世界性问题的兴趣。俄罗斯知识分子企图在唯物主义手册和唯物主义形而上学的基础上生活，并确定自己对待社会生活最实际和最平淡的方面的态度。70 年代，知识分子迷恋过实证主义，其思想上的主宰者——米哈伊洛夫斯基就自己的思维兴趣和规模来说是个哲学家，尽管他没有形成真正的学派，也没有真正的哲学知识。拉夫罗夫[8]是个知识渊博和思维开阔的人，尽管他没有创造天赋。知识分子向他求教，以便为自己革命的社会追求做哲学上的论证。拉夫罗夫给青年的追求以哲学上的恩准，他通常是从远处、从对蒙昧大众的教育开始自己的论证。知识分子总是有自己的小组的、有知识的哲学家，有自己的指向明确的哲学，但这个哲学脱离了世界哲学的传统。这个自家产的、几乎是教派式的哲学满足了我们知识青年的深刻需求，即拥有能够回答生活中所有基本问题，并能把理论与社会实践结合起来的“世界观”。对完整的、社会－哲学世界观的需求是我们的知识分子在青年时期的主要需求；只有这样的人成了知识分子的思想主宰，他们能够从一般理论中推导出对知识分子的社会解放的渴望及其民主本能的支持（санкция），对知识分子对公正的要求的支持，无论这个公正需要付出多大的代价。在这方面，60年代的车尔尼雪夫斯基和皮萨列夫[9]，70年代的拉夫罗夫和米哈伊洛夫斯基成为知识分子的经典“哲学家”。

这些作家几乎没有给哲学创造、民族精神文化提供任何东西，但他们满足了知识青年对世界观的需求，在理论上为知识分子的现实追求提供论证；他们至今仍然是知识分子的导师，处在青少年时期的知识分子喜欢读他们的作品。90年代，随着马克思主义的产生，知识分子的思想兴趣大增，青年人开始欧化，开始阅读科学书籍，全然情感式的民粹主义知识分子在理智主义潮流的影响下开始发生改变。知识分子要对自己的社会追求进行哲学论证，这个需求开始由辩证唯物主义来满足，然后由新康德主义来满足。由于自己哲学上的复杂性，新康德主义没有获得广泛的传播。别利托夫－普列汉诺夫[10]成了时代的“哲学家”，他把米哈伊洛夫斯基从青年人的心中排挤出去了。然后登上舞台的是阿芬纳留斯[11]和马赫（Max）[12]，他们被宣布为无产阶级的哲学上的救星，波格丹诺夫[13]和卢那察尔斯基[14]诸先生也成了社会－民主派知识分子的“哲学家”。另一方面，唯心主义和神秘主义的流派产生了，但这完全是俄罗斯文化中的另外一股潮流。马克思主义对民粹主义的胜利没有引起俄罗斯知识分子本性的深刻危机，他们仍然是守旧的和民粹派的，只是披着马克思主义的欧式外衣。知识分子在社会－民主主义理论中否定了自己，但这个理论自身在我们这里只是知识分子小圈子的意识形态而已。对待哲学的态度仍然和以前一样，如果不考虑马克思主义中的批判流派的话，这个流派后来走向唯心主义，但是，它在知识分子中间没有获得广泛的流行。

广大知识分子对哲学的兴趣仅限于对自己的社会情绪和追求的哲学恩准的需求，这些情绪和追求没有因哲学上的思想努力而发生动摇，没有被重新评价，依然如教条一样不可动摇。比如，马赫的知识论是真的还是假的，这样的问题没有引起知识分子的兴趣，他们感兴趣的只有一点，即这个理论是否有利于社会主义思想，是否能为无产阶级的福祉和利益服务；知识分子感兴趣的不是形而上学是否可能、形而上学真理是否存在这样的问题，而只是形而上学是否会对人民的利益有害、是否会使人偏离同专制制度的斗争和为无产阶级的服务这样的问题。知识分子愿意相信任何哲学，只要它能给知识分子的社会理想提供恩准，并且不加批判地拒绝任何最深刻的和真正的哲学，假如这个哲学被怀疑是不利于这些传统的情绪和理想的，或者仅仅是对它们持批判的态度。对唯心主义和宗教－神秘主义流派的仇恨，对真正的和充满创造潜质的俄罗斯哲学的漠视，都以这个“天主教式的”心理为基础。在评价一切时，社会功利主义对“人民”(有时是农民，有时是无产阶级）的崇拜，这一切依然是大部分知识分子的道德教条。知识分子甚至开始阅读康德的著作，只是因为批判的马克思主义向知识分子许诺，在康德哲学基础上能论证社会主义理想。后来，知识分子甚至又开始研究很难理解的阿芬纳留斯，因为阿芬纳留斯最抽象和最“纯粹的”哲学突然被看作是“布尔什维克”社会－民主主义者的哲学，阿芬纳留斯对此一无所知，这也不是他的过错。

当然，在这种对待哲学的独特态度中体现了我们缺乏文化素养，区分能力不发达，对真理绝对价值的意识较弱，以及道德评断上的错误。整个俄罗斯历史都表现出薄弱的独立思辨兴趣。但是，这里也表现出肯定的和有价值的特征和潜质——对理论与生活在其中可以融为一体的完整世界观的渴望,对信仰的渴望。知识分子否定和怀疑地对待抽象的学院派，以及对活生生真理的割裂，这不是没有根据的。知识分子要求对世界和生活持完整的态度，在这个要求里可以看出无意识的宗教特征。必须在知识分子的传统心理中严格地区分“右手”和“左手”。不能把理论哲学兴趣的软弱理想化，不能把哲学文化的低水平理想化，不能把对严肃哲学知识的缺乏和对严肃哲学思维的无能理想化。也不能把这样一种几近狂热的倾向理想化，即根据政治和功利主义的标准评价哲学学说和哲学真理，更不能把这样一种无能理想化，即不能在实质上、从绝对价值的观点出发去考察哲学和文化创造领域的现象。在当下历史时刻，知识分子需要的不是自我吹嘘，而是自我批判。只有通过忏悔和自我揭露，我们才能过渡到新的意识上来。在反动的 80 年代，有人自我吹嘘地谈论过我们保守的、真正俄罗斯的美德，索洛维约夫[15]做了一件重要的事，就是揭露社会上的这部分人，并呼吁要进行自我批判和忏悔，要暴露我们的疾病。然后到来的是这样的时代，人们开始谈论我们极端的、也是真正俄罗斯的美德。这时应该呼吁社会的另外一部分人进行自我批判、忏悔和揭露社会病态。如果你处在对自己的伟大品格的陶醉之中，那么你就不能完善，真正伟大的品质也会因这种陶醉而黯然失色。

由于俄罗斯知识分子的历史地位，在他们身上发生了这样的不幸：对平均化的公正的爱、对社会之善的爱、对人们幸福的爱逐渐麻痹了对真理的爱，几乎熄灭了对真理的兴趣。哲学就是训练对真理的爱，而且首先是对真理的爱。知识分子不能无私地对待哲学，因为他们自私地对待真理自身，要求真理成为推动社会变革的工具，实现人民平安和人们幸福的工具。知识分子接受了宗教大法官的诱惑，他要求为了人们的幸福而放弃真理。知识分子的基本道德判断可以用这样一个说法来表达：如果真理消失后人民能够更好地生活，人们会更幸福，那就让真理消失吧；如果真理妨碍他们朝思暮想的号召——让专制制度滚蛋，那就让真理滚开吧。具有错误指向的对人的爱可以扼杀对上帝的爱，因为和对美的爱一样，和对任何绝对价值的爱一样，对真理的爱是对神的爱的表达。这种对人的爱是错误的，因为它不是以对人的真正尊重为基础，也就是因唯一的父而平等和亲近的人。一方面，对人的爱是对“人民”中的人的同情和怜悯，另一方面，它变成了对人的崇拜和对人民的崇拜。对人们真正的爱是这样的爱，它不反对真理和上帝，而是在真理中，也在上帝中，它不是否定人之尊严的怜悯，而是对每个人身上亲近的上帝形象的承认。为了虚假的“爱人”和“爱人民”，在对待哲学探索和流派的态度上，在我们这里制定出了怀疑和侦查的方法。就实质而言，谁都没有进入哲学领域；对农民虚假的爱禁止民粹派进入哲学领域，对无产阶级虚假的爱禁止马克思主义者们进入哲学领域。对农民和无产阶级的这种态度就是缺乏对人的绝对意义的尊重，因为这个绝对意义以神性为基础，而不是以人性为基础，以真理为基础，而不是以利益为基础。阿芬纳留斯比康德或黑格尔更好一些，这并不是因为人们在阿芬纳留斯的哲学里发现了真理，而是因为他们以为阿芬纳留斯似乎更有利于社会主义。这就意味着，利益被置于真理之上，人性被置于神性之上。哲学理论不利于民粹主义或社会－民主主义，以此为依据反驳哲学理论，这就意味着轻视真理。如果一个哲学家被怀疑为“反动”（在我们这里，什么都可以被称为“反动”！），那么就不会有人再听他的了，因为哲学和真理自身很少引起人们的兴趣。人们总是更喜欢波格丹诺夫先生的帮派的杜撰，而不是出色的和独创性的俄罗斯哲学家洛帕京[16]。洛帕京的哲学要求严肃的思想努力，从这个哲学里无法获得任何纲领性的口号，而对待波格丹诺夫的哲学完全可以是情绪化的，其全部哲学可以容纳在五戈比的小册子里。在俄罗斯知识分子中，与意识的理性主义结合在一起的是片面的情绪化，以及具有自身价值的思想生活的贫乏。

和对待生活中的其他领域一样，在我们这里，对待哲学的蛊惑宣传的态度占主导地位：在知识分子各小组里，哲学流派的争论具有蛊惑宣传的性质，并伴随着不体面的四处张望，以便了解谁喜欢什么，什么东西适合什么样的本能。这种蛊惑宣传败坏了我们知识分子的心灵，制造了沉重的气氛。一种道德上的怯懦在发展,对真理的爱以及思想上的勇敢精神在消失。包含在俄罗斯知识分子心灵中对人间公正的渴望遭到歪曲，而在其自身的基础上，这是一种神圣的渴望。道德激情堕落为一种偏执。对各种意识形态和哲学学说的“阶级的”解释在马克思主义者们那里变成一种病态的、强迫的观念。在我们这里，这个偏执传染了大部分左派分子。把哲学分为“无产阶级的”和“资产阶级的”，分为“左的”和“右的”，肯定两种真理，即有益的和有害的，——这一切都是思想、道德和一般文化的颓废的标志。这条路将导致人人都应遵守的普遍意识的瓦解，而人类的尊严及其文化的增长都与这个普遍意识相关。

俄罗斯历史塑造了具有这样一种心理结构的知识分子，客观主义和普遍主义与这种心理结构对立，在这种心理结构中，不能有对客观、普世的真理和价值的真正的爱。俄罗斯知识分子对客观理念，对普遍规范持不信任态度，因为他们认为，类似的理念和规范会妨碍同专制制度斗争，妨碍为“人民”服务，“人民”的幸福高于普世的真理和善。俄罗斯知识分子这个不幸的特征是由其令人悲伤的历史造成的，我们历史上的政权也应该为这个特征负责，政权残害了俄罗斯生活，并灾难性地迫使知识分子专门去同政治和经济的压迫进行斗争。俄罗斯知识分子的这个特征还导致一个结果，在俄罗斯知识分子的意识里，欧洲哲学学说是在歪曲的形式里被理解的，这些学说适应了知识分子特有的利益，那些最重要的哲学思想现象完全被忽视。在我们这里，科学实证主义、经济唯物主义、经验批判主义、新康德主义、尼采学说都被歪曲了，都适应了我们自家的条件。

俄罗斯知识分子对科学实证主义的理解完全是错误的、非科学的。它（科学实证主义）在我们这里所发挥的作用完全不同于它在西欧所发挥的作用。我们的知识分子对“科学”和“科学性”持崇敬的态度，甚至是偶像崇拜的态度，但是，他们把科学理解为特殊的唯物主义教条，把科学性理解为特殊的信仰，而且始终是这样的教义和信仰，它们可以揭露专制制度之恶和资产阶级世界的谎言，拯救人民或无产阶级。和一切西方的东西一样，科学实证主义是在最极端的形式里被理解的，它不但变成了粗糙的形而上学，而且变成了替代以前所有宗教的特殊宗教。科学自身和科学精神在我们这里没有获得嫁接，没有被广大知识分子理解，只是被为数不多的知识分子理解。科学家在我们这里从来没有享受到特别的尊重和欢迎，如果他们在政治上是冷淡的，那么他们的科学自身就不被认为是真正的科学。知识青年根据皮萨列夫、米哈伊洛夫斯基、别利托夫，根据自家产的小团体“科学家”和“思想家”开始学习科学。许多人甚至没有听说过真正科学家的名字。科学实证主义的精神自身不是进步的，也不是反动的，它只是对真理的探索感兴趣。我们总是把科学精神理解为政治进步和社会激进主义。科学实证主义的精神自身不排除任何形而上学和任何宗教信仰，但它也不肯定任何形而上学和任何信仰。[①] 我们总是把科学实证主义理解为对一切形而上学和一切宗教信仰的彻底否定，或准确地说，科学实证主义对我们而言就等同于唯物主义形而上学和社会－革命信仰。任何一个神秘主义者，任何一个信徒都不能否定科学实证主义和科学。在神秘主义宗教和实证科学之间不可能存在任何对抗，因为它们所负责的领域是完全不同的。宗教和形而上学意识确实否定科学的唯一性和科学认识在精神生活中的至上性，但是，科学自身从对其领域的这个限制里只能得到好处。我们没有理解实证主义的客观和科学的因素，但却更加狂热地接受了实证主义的这样一些因素，从而

① 我指的不是哲学的实证主义，而是科学的实证主义。西方建立了科学精神，在那里，这个科学精神变成了与宗教和形而上学进行斗争的工具。但西方与斯拉夫人的极端性格格不入；西方建立了在宗教和形而上学方面都是中立的科学。

把实证主义变成一种信仰，变成终极的世界观。对俄罗斯知识分子而言，有吸引力的不是实证主义的客观性，而是其将人类神化的主观性。70 年代，拉夫罗夫和米哈伊洛夫斯基把实证主义变成“主观社会学”[17]，这种社会学成了俄罗斯知识分子自家产的小组哲学。索洛维约夫十分机智地说，俄罗斯知识分子总是用一个奇怪的三段论进行思考：人来自猴子，因此我们就应该互爱。他们完全是在这个三段论意义上理解科学实证主义的。科学实证主义只是一种工具，它可以确定社会公正的王国，彻底消灭一些形而上学和宗教的观念，根据知识分子教条主义的推测，恶的王国就建立在这些观念的基础上。与米哈伊洛夫斯基相比，奇切林[18]是个更懂科学的人，在科学－客观的意义上是个更优秀的实证主义者，但这并不妨碍他成为形而上学家－唯心主义者，甚至成为一个基督教信徒。在情感上，俄罗斯知识分子离奇切林的科学很远并厌恶它，但是，他们离米哈伊洛夫斯基的科学很近并喜欢它。最后，应该承认，“资产阶级的”科学才是真正的、客观的科学，我们民粹派的“主观”科学和我们马克思主义者的“阶级”科学与独特形式的信仰有更大共性，而不是与科学。上述说法的正确性可以由我们知识分子意识形态的整个历史来证明：60年代的唯物主义，70年代的主观社会学，还有俄罗斯土壤中的经济唯物主义。

在俄罗斯，和一般的实证主义一样，经济唯物主义也没有获得正确的理解，也遭到了同样的歪曲。经济唯物主义主要是客观的学说，它把客观的生产原则置于社会生活的中心，而不是主观的分配原则。该学说认为人类历史的本质就是战胜自然界的创造过程，就是经济建设和生产力的组织。整个社会制度及其固有的分配的公正性形式，以及社会团体的所有主观情绪，都服从这个客观的生产原则。应该说，马克思主义的客观－科学方面包含了合理的内核，我们的马克思主义者中间最有文化和最具科学素养的司徒卢威[19]肯定和发展了这个合理内核。一般地说，我们歪曲地理解并“主观地”接受了经济唯物主义和马克思主义，它们迎合了知识分子的传统心理。在俄罗斯的土壤上，经济唯物主义丧失了自己的客观特征，其生产－建设的方面退居次要地位，社会－民主主义的主观－阶级的方面占据首要地位。马克思主义在我们这里遭到了民粹主义的转化，经济唯物主义变成新形式的“主观社会学”。对平等的排他性的爱，对社会主义终点的临近的信仰，以及对俄罗斯要比西方更早到达这个终点的可能性的信仰，控制了俄罗斯马克思主义者。真理的客观方面彻底地消失在主观方面，消失在“阶级的”观点和阶级心理之中。在俄罗斯，经济唯物主义的哲学完全变成了“阶级的主观主义”，甚至变成了无产阶级的阶级神秘主义。根据这样的哲学，意识不能去关注俄罗斯发展的客观条件，它必然彻底地献身于为无产阶级而争取达到抽象的最大化，这是从知识分子小组习气的观点看的最大化。知识分子的小组习气不愿意承认任何客观真理。俄罗斯的生活环境使客观的社会哲学和科学的繁荣成为不可能。哲学和科学被主观地理解，按照知识分子的方式理解。

新康德主义在我们这里遭到较少的歪曲，因为它不太受欢迎，很少获得传播。但是，毕竟有一个时期，我们特别想利用新康德主义来批判地改造马克思主义，对社会主义做新的论证。甚至客观和科学的司徒卢威在其第一本书中也犯了错误，他对里尔（Риль）[20]的认识论做了过分社会学的解释，赋予里尔的认识论以有利于经济唯物主义的解释。有一段时间，西美尔(Зиммель)[21]在我们这里几乎被认为是马克思主义者，尽管他与马克思主义很少有共同之处。新康德主义和新费希特主义的精神对我们而言后来成为摆脱马克思主义和实证主义的工具，成为表达成熟的唯心主义情绪的方法。在俄罗斯哲学里，不存在创造的新康德主义传统，真正的俄罗斯哲学走了另外一条路，下面将谈到它。出于公正应该说，对康德、费希特和德国唯心主义的兴趣提高了我们的哲学文化水平，并成为通向哲学意识的高级形式的桥梁。

经验批判主义在我们这里遭到了最为严重的歪曲。实证主义的这个最抽象和最精致的形式产生于德国批判主义的传统，它几乎被理解为无产阶级的新哲学，波格丹诺夫先生和卢那察尔斯基先生等人都认为，可以像对待自己的财产一样，按照自家的方式对待它。阿芬纳留斯的认识论是如此的笼统、形式化和抽象，以至于它不能预先解决任何形而上学问题。阿芬纳留斯甚至求助于字母的象征，以便不与任何本体论原理产生关联。阿芬纳留斯极其惧怕唯物主义、唯灵论等领域的任何残余。对他来说，与一切形式的本体论一样，生物学唯物主义也是不能接受的。阿芬纳留斯体系表面的生物主义（биологизм）不应该导致误解，这是纯粹形式的，而且是如此普遍的生物主义，以至于任何一个“神秘主义者”都能够接受它。最聪明的经验批判主义者之一科尔内利乌斯（Корнелиус）[22]甚至承认，将神（божество）归入预先存在的事物之列是可能的。我们的马克思主义知识分子完全按照生物学唯物主义来理解和解释阿芬纳留斯的经验批评主义，因为这有利于证明对历史的唯物主义理解。经验批判主义不但成为社会－民主主义者们的哲学，甚至成了“布尔什维克”社会－民主主义者们的哲学。可怜的阿芬纳留斯也没有料到，其无辜的和远离生活斗争的名字会被牵扯到俄罗斯“布尔什维克”和“孟什维克”知识分子的争论之中。《纯粹经验批判》[23]几乎立即成了革命社会－民主主义信仰的“信条书（символическая книга）”。在广大的马克思主义知识分子中间，未必有人读过阿芬纳留斯的著作，因为读他的著作不是件容易的事，许多人可能真诚地以为，阿芬纳留斯是最聪明的“布尔什维克”。事实上，和任何一个德国哲学家一样，阿芬纳留斯很少与社会－

民主派有关系，比如，他的哲学可以同样成功地被自由资产阶级利用，甚至可以用阿芬纳留斯来证明自己的“右”倾。重要的是应该指出，假如阿芬纳留斯像波格丹诺夫和卢那察尔斯基等先生们所想象的那样简单，假如他的哲学是以大脑为中心的生物学唯物主义，那么，他就没有必要发明摆脱任何前提的各种C系统[24]了，他也不会被认为是思维能力很强、逻辑严谨的人，甚至他的反对者现在都被迫承认这一点。①确实，经验批判主义的马克思主义者已不把自己称为唯物主义者了，他们把唯物主义让给这样一些落后的“孟什维克”，比如普列汉诺夫等人，但是，经验批判主义自身在他们那里获得了唯物主义和形而上学的色彩。波格丹诺夫先生热心宣传简单粗糙的形而上学杜撰，徒劳无益地提及阿芬纳留斯、马赫以及其他权威人士的名字，卢那察尔斯基先生甚至以阿芬纳留斯的学说为基础发明了无产阶级的新宗教。欧洲哲学家在大多数情况下都是抽象的和过分脱离生活的，他们

① 阿芬纳留斯没有能摆脱“前提”，他的认识论观点是十分混乱的，散发着“唯物主义”“唯灵论”的气息，什么味道都有，但并不简单。

没有料到，在我们小组的、知识分子的争论和争吵中，他们发挥了什么样的作用。假如同他们讲述，他们厚重的思想变成了浅薄的小册子，那么，他们会非常惊讶的。

尼采在我们这里遭遇的命运完全是悲惨的。这个对任何民主制度都心怀仇恨的孤独者在我们这里却遭到了最无耻的民主化。尼采被肢解为部分，所有的人都用得上他，每个人都为自己私人的目的利用他。尼采至死都认为自己是个没有人需要的人，始终是个处在高山上的孤独者。突然之间，尼采成了被十分需要的人，他甚至可以用来更新和活跃马克思主义。一方面，成群的尼采主义－个人主义者在我们这里开始动起来，另一方面，卢那察尔斯基用马克思、阿芬纳留斯和尼采等人的思想做了一锅大杂烩，它适合许多人的口味，成为一道美味佳肴。可怜的尼采，可怜的俄罗斯思想！为饥饿的俄罗斯知识分子准备的饭菜应有尽有，他们来者不拒，什么都吃，并希望专制制度的恶将被战胜，人民将获得解放。我担心，最形而上学和最神秘主义的学说在我们这里也能适用。但是，这样做不能战胜俄罗斯生活之恶、专制主义和奴役之恶，因为依靠歪曲地掌握各种极端学说是无法战胜恶的。我们古老的恶歪曲了我们的本质，使我们对客观真理的领会能力变得很差，在与我们这个古老的恶的斗争中，无论是阿芬纳留斯，还是尼采，甚至马克思，都帮不上什么忙。我们对理论思想的兴趣降低了，但是，与恶的实际斗争总是具有信奉抽象理论学说的特征。在我们这里，被称为真哲学的是这样的哲学，它有助于为社会主义而与专制制度进行的斗争，必须信奉这个“真的”哲学被看作是斗争的实质方面。

同样的俄罗斯知识分子的这些心理特征导致了一个结果,即俄罗斯知识分子漏掉了本真的俄罗斯哲学，同样也漏掉了伟大的俄罗斯文学的哲学内容。像恰达耶夫这个级别的思想家完全没有被注意到，甚至没有被提到他的那些人所理解。看来有足够的根据认为，索洛维约夫是我们民族的哲学家，可以围绕他建立民族哲学传统。要知道，不能围绕柯亨（Коген）[25]、文德尔班（Виндельбанд）[26]或另外某个与俄罗斯灵魂格格不入的德国人建立这个传统。任何一个欧洲国家的哲学都能以索洛维约夫为骄傲。然而，俄罗斯知识分子不读索洛维约夫的著作，也不了解他，不把他看作是自己人。索洛维约夫哲学是深刻的和具有独创性的，但是它不为社会主义做论证，它与民粹主义以及马克思主义都是格格不入的，它不便于成为与专制制度斗争的工具，因此，它没有为知识分子提供合适的“世界观”，而是成为一种异己的哲学，比“马克思主义者”阿芬纳留斯，“民粹派分子”奥·孔德（Ог. Конт）[27]以及其他外国人离知识分子更远。最伟大的俄罗斯形而上学家当然是陀思妥耶夫斯基，但是，他的形而上学完全不是广大的俄罗斯知识分子阶层所能理解的，他被怀疑有各种类型的“反动性”，他也确实为此提供了借口。带有实证主义情绪的俄罗斯知识分子没有感觉到伟大的俄罗斯作家们的形而上学精神与自己亲近，提及这一点是令人悲伤的。有一个没有获得解决的问题是，就自己占统治地位的意识来看，这些作家和知识分子阶层，谁更具民族性。知识分子没有能够真正地把列夫·托尔斯泰看作是自己人，他们因为他的民粹主义而容忍了他，有一段时间，知识分子受到了托尔斯泰派的精神影响。在托尔斯泰派那里仍然还有对高尚哲学的敌视，对创造的敌视，这种奢侈（哲学与创造）被看作是罪过。

在我看来，特别可悲的是俄罗斯知识分子坚决不想了解俄罗斯哲学的萌芽。俄罗斯哲学并没有被索洛维约夫这样出色的思想所穷尽。在霍米雅科夫那里已经可以找到新哲学的萌芽，它们（萌芽）克服了以高级意识为基础的欧洲理性主义。奇切林十分伟大的形象不为人所注意，但是，我们可以向他学到许多东西。其次是科兹洛夫[28]、谢·特鲁别茨科伊公爵[29]、洛帕京，尼·洛斯基[30]，最后是很少为人所知的涅斯梅洛夫[31]——这是个最深刻的现象，是由脱离和远离知识分子内心世界的神学院土壤塑造的现象。在俄罗斯哲学里当然有许多侧面，但是，也有某种共同的东西，某种独特的东西，一个区别于现代欧洲哲学中占统治地位的诸传统的新哲学传统在这里形成了。就自己的基本趋势而言，俄罗斯哲学延续着过去的伟大哲学传统，包括希腊和德国的哲学传统，在俄罗斯哲学里还有柏拉图的精神，德国古典唯心主义的精神。但是，德国唯心主义在由黑格尔结束的极端抽象和极端理性主义的阶段上停下来了。从霍米雅科夫开始，俄罗斯哲学家们对黑格尔的抽象唯心主义和理性主义进行了尖锐的批判，他们没有走向经验主义，也没有走向新批判主义，而是走向了具体的唯心主义（конкретный идеализм），本体论现实主义（онтологический реализм），并对欧洲哲学的理性进行神秘主义的补充，这个理性丧失了活生生的存在。这就是哲学新道路的创造性的保证。俄罗斯哲学在自身中包含宗教的兴趣，并使知识与信仰和解。俄罗斯哲学至今没有提供小组意义上的“世界观”，俄罗斯知识分子只对这个意义感兴趣。俄罗斯哲学与社会主义没有直接关系，尽管谢·特鲁别茨科伊公爵也把自己关于意识聚和性[32]学说称为形而上学社会主义；这个哲学对直接意义上的政治不感兴趣，尽管在其最优秀的代表们那里也隐藏着对人间天国的宗教渴望。但是，在俄罗斯哲学里有让其与俄罗斯知识分子接近的特征——对完整世界观的渴望，对真与善、知识与信仰的有机结合的渴望。在具有学院派倾向的俄罗斯哲学家们那里甚至也能找到对抽象理性主义的敌视。所以，我认为，与对存在的现实主义态度相关的具体唯心主义可以成为我们民族哲学创造的基础，它可以建立一个我们非常需要的民族哲学传统。[①] 传统可以抵制对时髦的欧洲学说迅速更替的迷恋，传统既应该是普遍的，又应该是民族的，——只有这样，对文化而言它才是富有成效的。在索洛维约夫以及在精神上与之接近的俄罗斯哲学家们的哲学里有一个普遍的传统，这是全欧洲的和全人类的传统，但是，这个哲学的某些趋势也可以建立一个民族的传统。民族传统的建立不会导致忽视和歪曲欧洲思想的所有重要现象，这些现象确实被我们怀有世界主义情绪的知识分子忽视和歪曲了，相反，这将导致对这些现象的本质更深刻和更具批判性的理解。我们需要的不是小组式的臆想，而是严肃的哲学文化，普遍的，同时又是民族的哲学文化。确实，索洛维约夫和谢·特鲁别茨科伊公爵是比波格丹诺夫先生和卢那察尔斯基先生更优秀的欧洲人；他们是世界哲学精神的体现者，同时又是民族的哲学家，因为他们奠定了具体唯心主义哲学的基础。历史上形成的偏见使俄罗斯知识分子产生一种情

① 真理不能是民族的，真理始终是普遍的，但是，不同的民族可以揭示真理的不同方面。俄罗斯民族精神的特点表明，我们要在宗教哲学领域里进行创造。

绪，在这种情绪的支配下，他们无法在俄罗斯哲学里找到对自己的真理探索（правдоискательство）的证明。要知道，我们的知识分子珍视自由，但却信奉其中不允许有自由的哲学；他们珍视个性，但却信奉其中不允许有个性的哲学；他们珍视进步的意义，但却信奉其中不允许有进步意义的哲学；他们珍视人类的聚和性，但却信奉其中不允许有人类聚和性的哲学；他们珍视公正和一切崇高的东西，但却信奉其中不允许有公正和任何高尚事物的哲学。这大概就是由我们全部历史所造成的纯粹的意识偏差。就自己最优秀的部分而言，知识分子狂热地准备自我牺牲，同样狂热地信奉否定任何自我牺牲的唯物主义；革命知识分子一直迷恋的无神论哲学不承认任何神圣的东西，然而，知识分子赋予这个无神论哲学自身以神圣的特征，并狂热地，几乎是按照天主教的方式珍视自己的唯物主义和无神论。创造的哲学思想应该消除意识的这个偏差，使意识摆脱绝境。没有人知道，明天又是什么样的哲学在我们这里成为时髦，也许是詹姆斯（Джемс）[33]和柏格森（Бергсон）[34]的实用主义哲学，人们就像利用阿芬纳留斯等人那样利用他们，也许还有某种新的哲学会成为时髦的。但是，在哲学发展中，借助于这些时髦，我们不能向前迈出一步。

俄罗斯知识分子在传统上敌视思想的哲学活动，这种敌视也体现在最新的俄罗斯神秘主义的特征上。《新路》[35]是宗教探索和具有神秘主义情绪的杂志，其最大的缺陷是没有清晰的哲学意识，对哲学的态度几乎是轻蔑的。我们最出色的神秘主义者——罗赞诺夫[36]、梅列日科夫斯基[37]、伊万诺夫[38]尽管也为哲学问题的新提法提供了丰富的材料，但是，他们自己具有反哲学的精神，对哲学理性进行无政府主义的否定。把神秘主义和哲学结合在自己的个性里的索洛维约夫曾指出，贬低理性原则是俄罗斯人所固有的特征。我补充一点，对客观理性的不爱在我们的右派阵营和左派阵营里同样都可以找到。然而，就自己的本质而言，俄罗斯神秘主义是很有价值的，为了俄罗斯文化，应该对它进行哲学上的对象化和规范化。我想说，必须把神秘主义的狄奥尼索斯原则和哲学的阿波罗原则结合起来。必须要让俄罗斯神秘主义者，俄罗斯无神论知识分子喜欢对真理进行哲学研究。哲学是对神秘主义进行客观化的途径之一；这种客观化最高的和完整的形式只能是肯定的宗教。俄罗斯知识分子怀疑和敌视俄罗斯的神秘主义，但是，在最近一段时间出现转折，而且，有这样一种担忧，在这个转折中可能会暴露出对客观理性的类似的敌视态度，同样，神秘主义自身也有一个倾向,即让自己适用于传统的社会目的。

知识分子意识需要彻底的革新，哲学的净化之火在这个重要事业里有能力发挥巨大的作用。所有的历史和心理的证据都表明，俄罗斯知识分子只有在知识和信仰的综合的基础上才能走向新意识，这个综合能够在肯定的意义上满足知识分子对理论与实践、“真理（правда）－真理（истина）”与“真理（правда）－公正（справедливость）”的有机结合的重要需求。但是，现在我们在精神上需要承认真理的自身价值，要在真理面前谦卑，要准备为真理让步。[①] 这将给我们的文化创造带来清新的空气。要知道，哲学是人的精神自我认识的工具，这不是个体的工具，而是超个体的、聚和性的工具。但是，哲学意识的这个超个体性和聚和性只有在普遍和民族的传统的基础上才能实

① 在真理面前的谦卑具有重大的道德意义，但它不应该导致崇拜僵死的和抽象的真理。

现。对这个传统的巩固应该促进俄罗斯的文化复兴。这个期盼已久的和令人喜悦的复兴，以及沉睡灵魂的觉醒，不但需要政治上的解放，而且需要摆脱令人压抑的政治统治，需要思想的解放，在我们的政治解放者们那里，至今都难以遇到这样的思想解放。① 俄罗斯知识分子就是俄罗斯历史所塑造的那样，在它的心理结构中反映了我们病态历史的罪孽，我们历史上的统治以及我们永恒的反动精神的罪孽。根深蒂固的独裁统治歪曲了知识分子的灵魂，不但外在地奴役它，而且内在地也奴役了它，因为这个独裁统治按照否定的方式决定知识分子灵魂做出的所有评价。但是，自由的存在物不应该在一切方面都指责外部力量，并用外部力量的罪过证明自己。知识分子自己也是有过错的：其意识的无神论性是其意志的罪过，知识分子自己选择了崇拜人（человекопоклонство）的道路，并以此歪曲自己的灵魂，扼杀自己身上的真理本能。只有对我们理性认识的意志所犯过错的认识才能让我们走向新生活。只有当我们摆脱内在的奴役时，即自己

① 政治解放只有在与精神和文化的解放的联系中，在其基础上才是可能的。——第二版注释

承担责任，在一切方面不再指责外部力量时，我们才能摆脱外在的压迫。那时，将出现知识分子的新灵魂。

译注

1 本文首次刊登在1909年出版的文集《路标（Вехи）》里，译自《路标·从深处(Вехи·Из глубины)》，莫斯科，1991年俄文版，第11-30页。标题中第一个真理的俄文是“истина”，第二个真理的俄文是“правда”，它们都是真理的意思，前者通常指哲学上的客观真理，后者指带有价值判断的真理，带有一定的主观性，因此包含真话、真实、真诚等意思。在本文中，别尔嘉耶夫很少使用правда（总共只用到两次），所以，我们在译文中不对它们做区分，遇到правда时，我们的处理方式是：真理（правда），以示区别。在其他情况下，真理均为истина，我们不做特别标记。

2 米哈伊洛夫斯基（Н. К. Михайловский，1842—1904）：俄罗斯哲学家，社会学家和政论家。

3 乌斯宾斯基（Гл. Успенский，1843—1902）：与民粹派（народничество）接近的俄罗斯作家。

4 西方派（западничество）和斯拉夫派（славянофильство）：19世纪30—40年代在俄罗斯逐渐形成的两个思想流派，在很多问题上，它们的观点和立场是对立的。西方派主张俄罗斯应该走西方道路，斯拉夫派坚持走俄罗斯民族自己独特的道路。19世纪中期，双方的对立有所弱化，但是，它们始终存在于俄罗斯思想传统里。

5 别林斯基(В.Г. Белинский，1811—1848)：俄罗斯著名思想家，主要是文学批评家，也是位哲学家。

6 尤尔克维奇（П.Д. Юркевич，1827—1874）：俄罗斯宗教哲学家，莫斯科大学教授。

7 车尔尼雪夫斯基（Н.Г. Чернышевский，1828—1889）：俄罗斯哲学家、经济学家、社会学家、作家和批评家，俄罗斯唯物主义流派的著名代表。

8 拉夫罗夫（П. Л. Лавров，1823—1900）：俄罗斯哲学家和社会学家，民粹派理论家，革命者。

9 皮萨列夫（Д.И. Писарев，1840—1868）：俄罗斯哲学家，文学批评家和政论家。

10 别利托夫-普列汉诺夫（Бельтов-Плеханов，1856—1918）：即普列汉诺夫（Г.В. Плеханов），别利托夫（Бельтов）是其诸多笔名之一，俄罗斯哲学家，俄罗斯马克思主义的第一位著名理论家。

11 阿芬纳留斯（Авенариус，1843—1896）：瑞士哲学家，经验批判主义的创始人之一，出生在法国。

12 马赫（Ernst Max，1838—1916）：奥地利哲学家和物理学家，实证主义者。

13 波格丹诺夫（А.А. Богданов，1873—1928）：俄罗斯哲学家、经济学家、作家和政治活动家。

14 卢那察尔斯基（А.В. Луначарский，1875—1933）：俄罗斯国务活动家，哲学家和剧作家。

15 索洛维约夫（Вл. Соловьев，1853—1900）：著名的俄罗斯哲学家、诗人和政论家。他以一切统一（всеединство）和索菲亚（София）等概念为基础创立了俄罗斯哲学史上第一个哲学体系——一切统一的哲学（философия

всеединства），在此基础上形成所谓的一切统一形而上学（метафизика всеединства）学派，该学派成为白银时代俄罗斯宗教哲学的主干。索洛维约夫对白银时代的文化产生了重大影响。

16 洛帕京（Л.М. Лопатин，1855—1920）：俄罗斯哲学家和心理学家，动态唯灵论（динамический спиритуализм）的创立者。

17 主观社会学（субъктивная социалогия）：19 世纪 60 年代末—70 年代初在俄罗斯形成的一个社会学学派，其主要代表有拉夫罗夫和米哈伊洛夫斯基。在主观社会学里，社会的基本单元是个人，而非组织、阶级。在研究个人问题时，主观社会学所使用的方法是主观的，而非客观的。

18 奇切林（Б.Н. Чичерин，1828—1904）：俄罗斯哲学家、历史学家和政论家，国家与法制领域的理论家，黑格尔右派的追随者。

19 司徒卢威（П. Б. Струве，1870—1944）：俄罗斯哲学家、经济学家、政论家和社会活动家。

20 里尔（Alois Riehl，1844—1924）：德国哲学家，新康德主义者。

21 西美尔（Georg Simmel，1858—1918）：德国哲学家和社会学家。

22 科尔内利乌斯（Hans Cornelius，1863—1947）：德国哲学家，经验批判主义的代表。

23《纯粹经验批判》（Критика чистого опыта）：瑞士

哲学家阿芬纳留斯的著作，于1883—1890年出版（两卷本），1907—1908年出版俄文版，1905年出版俄文版《纯粹经验批判：卢那察尔斯基的通俗表述》（对阿芬纳留斯一书的内容的转述）。

24 C系统（системы C）：Centralsystem/centralen Partialsystem的缩写，阿芬纳留斯创造的概念，指人的大脑和中枢神经系统。参见 Richard Avenarius.Kritik der reinen Erfahrung. Leipzig:Fues's Verlag (R. Reisland).1888:57-61。另见列宁:《唯物主义和经验批判主义》，中共中央马克思恩格斯列宁斯大林著作编译局译，北京：人民出版社，1998年，第57-58页。

25 柯亨（Hermann Cohen，1842—1918）：德国哲学家，新康德主义马堡学派代表人物。

26 文德尔班（Wilhelm Windelband，1848—1915）：德国哲学家，新康德主义巴登学派的领袖。

27 奥·孔德（Auguste François Comte，1798—1857）：法国哲学家，实证主义的创始人，也是社会学的创始人。

28 科兹洛夫（A.A. Козлов，1831—1901）：俄罗斯哲学家，基辅大学教授。

29 谢·特鲁别茨科伊公爵（кн. С. Трубецкой，1862—1905）：俄罗斯宗教哲学家，文化学家和政论家，曾经担任莫斯科大学校长，他是叶·特鲁别茨科伊公爵（кн. Е.Трубецкой，1863—1920）的哥哥，他俩都是索洛维约夫的朋友和追随者。

30 尼·洛斯基（Н.О. Лосский，1870—1965）：俄罗斯著名哲学家，直觉主义的创始人，彼得堡大学教授，1922年被迫流亡国外，曾经在柏林、布拉格、纽约等地生活和工作。

31 涅斯梅洛夫（В. И. Несмелов，1863—1937）：俄罗斯宗教哲学家，毕业于喀山神学院，并在这里任教。他在人学研究方面颇有建树，其代表作是《关于人的科学》（Наука о человеке）。

32 意识聚和性（соборность сознания）：聚和性（соборность）是斯拉夫派哲学家霍米亚科夫创造的概念，在此基础上，他创立了聚和性学说，该学说属于基督教的教会论。谢·特鲁别茨科伊公爵将其用于对意识的研究，并创立意识聚和性学说。

33 威廉·詹姆斯（William James，1842—1910）：美国哲学家，实用主义的创始人之一，彻底的经验主义者。

34 亨利·柏格森（Henri Bergson, 1859—1941）：法国哲学家，直觉主义和生命哲学的代表人物。

35 《新路》（Новый путь）：由梅列日科夫斯基等人在圣彼得堡创办的杂志，是圣彼得堡宗教哲学聚会的刊物，1903 年开始出版，每月一期，1904 年底停刊。

36 罗赞诺夫（В.В. Розанов，1856—1919）：俄罗斯哲学家、作家和政论家。

37 梅列日科夫斯基（Д.С. Мережковский，1865—1941）：俄罗斯作家、诗人和哲学家。

38 伊万诺夫（Вяч. Иванов，1866—1949）：俄罗斯象征主义诗人、文化理论家和哲学家。

英雄主义和苦修主义

——关于俄罗斯知识分子宗教本性的思考

谢·尼·布尔加科夫／著

张百春／译

一

俄罗斯经历了一场革命。这场革命没有带来人们曾对它所期盼的东西。很多人认为，解放运动的积极成果在今天至少依然是成问题的。因过去的紧张与失败而疲惫不堪的俄罗斯社会处在一种呆滞、冷漠、精神涣散和沮丧的状态。俄罗斯国家组织暂时还未出现它非常需要的更新和巩固的征兆，就像是在梦中的王国里一样，陷入沉睡状态的一切在国家里又都僵化了。因大量的死刑、犯罪率激增和道德普遍低俗而变得模糊的俄罗斯公民意识彻底地走向倒退。色情和一些博人眼球的东西所构成的浊流注入俄罗斯文学里。因此，面对俄罗斯的未来，陷入沮丧和深深的怀疑，都是有根据的。无论如何，在经历这一切之后，充满善良意愿的斯拉夫派所秉持的天真的信仰，以及老西方派美妙的乌托邦,现在在一定程度上都已经成为不可能了。革命使得俄罗斯公民意识和国家组织的生命力自身成为一个问题。不考虑这个历史经验，不考虑革命的历史教训，就不能对俄罗斯做出任何论断，重复斯拉夫派和西方派的老调子都是不允许的。

在政治危机之后到来的还有精神危机，它要求深刻的、集中的思考，要求内省、自我检查、自我批判。如果俄罗斯社会真的还有生机和活力，如果它自身中蕴藏着未来的种子，那么这个活力首先应该表现在、也最能够表现在，愿意并有能力向历史学习。因为历史不能仅仅是罗列事件更替的大事记，它是活生生的经验，是构成精神成长条件的善与恶的经验。最危险的就是大脑和心灵的僵化，因循守旧的保守主义，这时的人们满足于重复旧业，或者干脆拒绝生活教训，暗中寄希望于新的“情绪高涨”，但这是自发的、偶然的、没有经过深思熟虑的“情绪高涨”。

在对我们近些年来的经历进行深入思考时，不能把这一切都看作是历史的偶然，或者仅仅是自发力量的游戏。这里发生的是历史审判，是对历史戏剧的各类参与者做出评价，对整个一个历史时代做出总结。“解放运动”没有导致它应该导致的结果，没有带来和解、更新，暂时也没有导致国家组织的巩固（尽管也给未来培育了萌芽——国家杜马）以及国民经济的振兴，这不仅仅是因为它太软弱，无法与历史黑暗力量斗争，不是的，它之所以还不能在这场斗争中获得胜利，是因为它无法胜任自己的任务，它自己因内部矛盾而变得软弱。俄罗斯革命类似于大地震，释放出巨大的破坏能量，但是，其建设性力量却远比破坏性力量弱得多。作为所经历事件的最一般结果，这个痛苦的意识深深地印在很多人的心里。应该对这个意识保持沉默吗？将其表达出来不是更好吗？这样就可以提出一个问题：为什么如此？……

我在刊物上表达过一个意见，即俄罗斯革命是知识分子的革命。[①] 革命的主导精神动力是我们的知识分子，他们有自己的世界观、习惯、品味，甚至有自

① 这个意见发表在《宗教与知识分子》（《俄罗斯思想》，1908年第三期）一文里，后来出版了单行本。

己的社会作风。当然，知识分子们自己不承认这一点，因此他们才是知识分子，而且，他们中的每个人都会根据自己的基本信念称某个社会阶层为革命的唯一动力。没有大量的历史状况（其中占第一位的当然是不幸的战争），没有各社会阶层和团体非常严肃而重要的利益，就无法推动他们，无法让他们动起来，这是无可争议的。但是，我们依然坚持认为，正是知识分子为革命提供了整个思想资源，全部精神武装以及先进的斗士、排头兵、鼓动者和宣传者。知识分子在精神上塑造了大众的本能追求，用自己的热情激发他们，一句话，知识分子是革命庞大躯体的神经和大脑。在这个意义上，革命是知识分子的精神产物，因此，革命的历史就是对知识分子的历史审判。

作为彼得大帝的产物的知识分子，其灵魂就是理解俄罗斯国家和社会未来命运的关键。不管是好是坏，无论我们的知识分子遭受怎样的排挤和迫害，无论他们现在如何软弱和无力，彼得的俄罗斯的命运就掌握在他们的手中。我们的知识分子就是彼得凿开的那扇通向欧洲的窗口，西方的空气通过这扇窗口袭来，这空气让人充满活力，同时也是有毒的。这一小撮知识分子垄断了欧洲启蒙和俄罗斯教育，他们是亿万大众教育的主要传播者，没有这个教育，俄罗斯是无法应对未来的，因为它将面临政治与民族的毁灭的威胁。所以,知识分子的这个历史使命是非常高尚和重大的，他们面对我们国家未来的历史责任是非常庞大和惊人的，包括近期的未来和遥远的未来。这就是为什么，对于一个热爱自己的人民并关心俄罗斯国家需要的爱国者而言，目前再没有什么问题比俄罗斯知识分子的本质更有吸引力、更值得思考了。与此同时，最令人厌倦和不安的问题是，俄罗斯知识分子能否胜任自己的任务，俄罗斯能否获得它如此需要的阶层，他们拥有俄罗斯灵魂，而且开明理性、坚定意志、富有教养，如果答案是否定的，那么，与蒙古人的习俗结合在一起的知识分子将毁掉俄罗斯。这种蒙古人的习俗在我们的国家和社会里依然还很盛行。革命后，作为革命经验的结果，知识分子和革命的历史作用在俄罗斯令很多人非常失望，此外，他们在革命的失败中同时还看到了知识分子的无能。革命暴露、突显并强化了革命的精神面貌，在革命前只有为数不多的人（首先是陀思妥耶夫斯基）猜测到了它们的全部意义。对整个俄罗斯而言，特别是其知识分子，革命似乎成了一面精神的镜子。对这些特征保持沉默，现在不但是不允许的，而且就是在犯罪。因为我们现在的全部希望的根据只能是，社会沮丧的年代同时也是具有拯救意义的忏悔的年代，在这种忏悔里，精神的力量将获得复兴，在俄罗斯大地上培养新人，新的劳动者。如果不首先更新（和很多其他方面一起）自己的知识分子，那么俄罗斯就不可能获得更新。大声并公开地谈论这一点是我们在信念和爱国主义方面的责任。对俄罗斯知识分子精神面貌的某些方面的批判态度甚至根本不与某一种确定世界观相关，这样的世界观与知识分子是完全格格不入的。持不同的、相去甚远的世界观的人们之间可以在这个批判态度上联合起来，能够最好地表达这一点的是，对于类似的自我批判而言，确实是时候了，这种批判能够符合哪怕是一部分知识分子自身的真正需求。

一般地说，俄罗斯知识分子的性格是在内、外两个基本因素的影响下形成的。外部因素是来自于警察机构不间断的和无情的压制，这种压制可以压垮，甚至彻底消灭在精神上更加软弱的群体。不过，在这种机构的压制下，知识分子存活下来并保存了力量，这一点足以见证其非常独特的勇气和生命力。旧制度的整个氛围使知识分子陷入一种生活，但知识分子与它是格格不入的，这种隔离性强化了知识分子精神面貌里本就固有的“地下”的心理特征，并在精神上束缚了知识分子，支持并在一定程度上证明了其政治上的单一思想（моноидеизм，与专制制度进行斗争的“汉尼拔誓言”[1]），最后使得知识分子各种可能的精神发展变得困难。这种可能性和必要性只有现在才能出现，无论如何，不能不把这一点看作是解放运动的精神成就。决定我们知识分子性格的第二个因素——内部因素，这是知识分子特殊的世界观和与之相关的知识分子的精神气质。本文就是对这个世界观在整体上的评述与批判。

我不能不把知识分子对待宗教的态度看作是其最主要的特征。不把知识分子对待宗教的态度置于关注的中心，就不能理解俄罗斯革命的主要特征。但是，俄罗斯的历史未来也聚焦于解决一个问题，即知识分子如何确定自己对待宗教的态度，宗教将依然停留在原来的状态，还是说，在这个领域里将发生重大变革？

那将是在（人们的）大脑和心里发生的真正革命。

二

人们曾经（跟随陀思妥耶夫斯基）多次指出过，在俄罗斯知识分子的精神面貌里有宗教特征，这些特征有时候甚至接近于基督教。这些特质首先是由知识分子外部的历史命运培养出来的，一方面是政府的迫害，这些迫害在知识分子内部制造了受难与认信的自我感觉，另一方面是被迫与生活隔离，这种隔离导致知识分子沉溺于幻想，有时候表现出善良的心地、乌托邦情怀，一般地说，就是不充分的现实感。因此，在知识分子身上就出现一个在心理上依然是与之格格不入的特征，尽管这种格格不入可能只是暂时的，这个特征就是稳定地形成的、西欧生活方式中的“市侩”气质，包括这种气质里的日常美德，高效率的集约经济劳动，但是，也包括其平庸和局限。我们在赫尔岑的著作里可以发现对俄罗斯知识分子与欧洲市侩习气之间的精神冲突的经典表达。[1] 类似的情绪在当代俄罗斯文学里获得了不止一次的表达。这种生活方式的完成性、受大地的束缚、精神上的迟缓令俄罗斯知识分子厌恶，尽管我们都知道，知识分子非常需要向西方人学习，至少要学习其生活和劳动的技能。与此同时，漂泊的罗斯，受斯坚卡・拉辛[2]和叶梅里卡・普加乔夫[3]精神（尽管这些精神是用现代语言表达的）的鼓舞而迁徙到国外的自由逃民，也是西方资产阶级所反感和不理解的。在最近的革命年代里，精神上的这个对立看上去已经达到了最紧张的程度。

如果我们尝试将俄罗斯知识分子的这个“反资产阶级性”进行分解，那么它将是个由非常不同的各种元素构成的混合物（rnixtum compositurn）。这里有遗传下来的贵族成分，在几代人的时间里，贵族不用关心糊口问题，根本不用关注生活中日常的、“市侩的”方面。这里有大量的不开化成分，以及对顽强的、守规则的劳动以及有节奏的生活方式的不习惯。但是，毫无疑问，这里也有对市侩习气，对“属于此世的国”，

① 关于这一点，参见我的文章《赫尔岑的内心悲剧》，载文集《从马克思主义到唯心主义》，此文有单行本。

对安逸的自我满足的无意识的、宗教上的反感，尽管这个反感的规模不一定很大。

著名的“不属此世性（неотмирность）”，关于上帝之城、未来真理之国（用各类社会主义假名）的末世论梦想，以及对拯救人类的渴望（如果不是让人类摆脱罪，那么就是摆脱痛苦）——众所周知，它们构成了俄罗斯知识分子突出的和不变的特征。因生活的不和谐而痛苦，对克服这个不和谐的渴望也是最著名的作家知识分子们的特征（格列勃·乌斯宾斯基，加尔申[4]）。相对于未来之城，人间现实显得苍白。也许，在对未来之城的这个渴望里，知识分子在最容易辨认的形式里保留了已经丧失的教会性特征。在第二届国家杜马会议上，在无神论左派充满激情的发言里，我多次听到东正教情绪的余音，尽管这样说很奇怪！在这里立即呈现出东正教教育的影响。

一般而言，教会培养出来的心理习惯可以解释俄罗斯知识分子的不止一个优秀特征。随着俄罗斯知识分子远离教会，他们丧失了这些特征，比如，一定程度上的清教主义、过分严格的习俗、独特的苦修主义

（аскетизм）、严谨的私人生活；有这样一些俄罗斯知识分子的领袖，比如杜勃罗留波夫[5]和车尔尼雪夫斯基（他俩都是神品学校学生，在神职人员的宗教家庭里接受教育），他们原有的道德面貌几乎没有变化，然而，他们的历史后辈们却逐渐丧失了这个道德面貌。有这样一些基督教的特征，它们是通过周围环境接受下来的（在不知不觉中），它们来自家庭、保姆，来自被教会的观念和习俗所渗透的整个精神氛围。即便在俄罗斯的革命年代，在最优秀和最伟大的活动家们的精神面貌里，我们可以看见这些基督教的特征。然而，正是因为如此，基督教的心理结构与知识分子的心理结构之间所有真正的对立只能被掩盖。重要的是确定，这些基督教特征具有外来的、借用的，在一定意义上是返祖的特征，而且随着基督教习俗的弱化，以及在知识分子类型更加充分显现的情况下，这些特征将消失。这个知识分子类型在革命的日子里最有力地呈现出来，并且从自己身上清除了基督教最后的遗迹。

俄罗斯知识分子，特别是前几代知识分子，还固有一种面对人民的负罪感，这是某种“社会性的忏悔”，当然不是面对上帝，而是面对“人民”或“无产阶级”的忏悔。“忏悔的贵族”，或就自己的历史出身而言是“无阶级的知识分子”，尽管他的这些情感也有贵族老爷的某种社会色彩，但是，这些情感给知识分子的面孔留下了特别的深度和痛苦的印迹。此外还有知识分子的牺牲精神，其最优秀代表们身上的始终准备牺牲的精神，甚至还有对牺牲的追求。无论这个牺牲精神的心理基础如何，它都能巩固知识分子的“不属此世性”。这个不属此世性使得知识分子的面貌与市侩习气完全格格不入，并使得其面貌带有宗教的特征。

然而，众所周知的是，再没有比俄罗斯知识分子更具有无神论特征的知识分子了。无神论是一般的信仰，那些投入到知识分子的具有人文主义指向的教会的怀抱的人们，通常会受洗并接受这种信仰，这些人不但来自有教养的阶层，而且也来自平民百姓。这种情况从一开始，从俄罗斯知识分子精神之父别林斯基开始就是如此。正如任何环境都可以培养自己的习惯、自己的信念一样，俄罗斯知识分子传统的无神论也似乎成为某种自然而然的特点，人们甚至都不谈论它，无神论成为良好风度的一种标志。在我们知识分子的眼里，一定的教养和教育与宗教冷淡和对宗教的否定是同义词。毫无疑问，这一切把各类团体、党派、“流派”联合起来了。这一点完全彻底地渗透到贫乏的知识分子文化里，包括报纸、杂志、流派、纲领、习俗、偏见，如同血液通过呼吸而氧化，然后流淌到整个身体一样。在俄罗斯教育的历史上，再没有比这个事实更重要的事实了。与此同时，需要承认的是，俄罗斯无神论根本不是有意识的否定，不是理智、心和意志所做的复杂、痛苦和持续的工作的成果，不是个人生活的结果。不是的，无神论经常被当作信仰来接受，并保留幼稚的宗教信仰的特征，只不过是颠倒过来了，即使无神论具有战斗的、教条的和类科学的形式，这个情况也不会改变。这个无神论信仰把一系列未经批判的、未经检验的，而且在自己的教义形式上当然是不正确的论断当作基础，这些论断是，科学也能够彻底解决宗教问题，而且是在否定意义上解决它们；此外，还有对哲学的怀疑态度，特别是对形而上学的怀疑态度，形而上学也是事先就遭到了拒绝和谴责的。

学者和非学者，老年人和青年人都赞同这个无神论信仰。它在一个人的少年时代被接受，当然，在人的生平里，这个年龄的到来对一些人而言会早些，对另外一些人而言会晚些。在这个年龄上，通常比较容易接受对宗教的否定，甚至很自然地接受。宗教立即就被对科学、进步的信仰所取代。一旦站到这个立场上，在大多数情况下，我们的知识分子一生始终都停留在这个信仰上，认为这些问题已经获得了充分的解释和彻底的解决，并为在这个意见上的普遍一致所迷惑。少年成长为成熟的男子汉，其中有些人获得严肃的科学知识，成为著名的专家，在这种情况下，他们用专家学者的权威来强化少年时代所信仰的，在中小学读书时教条式地接受的无神论,尽管在这些问题上，他们丝毫不比每一位善于思考和感受的人更有权威。这样，在我们的高校里营造出一种精神氛围，正在成长的知识分子在这里形成。令人惊讶的是，当有高深教养的，聪明且有天赋的人们呼吁知识分子进行宗教方面的深化，从教条主义迷梦中醒来时，他们给俄罗斯知识分子留下的印象如此之浅，如同我们的宗教思想家和斯拉夫派作家们很少获得关注一样，比如索洛维约夫、布哈列夫[6]、谢尔盖·特鲁别茨柯依公爵等，如同我们的知识分子对陀思妥耶夫斯基，甚至托尔斯泰的宗教说教始终是置若罔闻一样，尽管他们对托尔斯泰的名字在表面上是崇拜的。

在俄罗斯无神论里，最令人惊讶的是它的教条主义，可以说，就是它所能忍受的那样一种宗教上的轻浮。宗教问题非常重要，非常尖锐，但是，直到不久之前，俄罗斯“有教养的”上层社会根本没有发现它们，也不理解它们，一般而言，人们对宗教感兴趣只是因为这与政治或者与无神论宣传有关。我们的知识分子在宗教问题上的无知令人惊讶。我指出这一点不是为了指责，而是为了诊断我们知识分子的精神状态，因为这也许有充分的历史根据。在对待宗教的态度上，我们的知识分子根本没有走出少年时代，他们还没有严肃地思考宗教，也没有为自己提供有意识的宗教自我定位，他们还没有靠宗教思想生活。因此，严格地说，他们始终没有能够如他们自己以为的那样超越宗教，而是处在宗教之外。对这一点的最好证明就是俄罗斯无神论的历史起源。我们从西方接受了无神论（难怪它成了我们的“西方派”信经的第一条）。我们把无神论看作是西方文明的最高成就（这个无神论以各种形式出现），起初它以伏尔泰派和法国百科全书派唯物主义的形式出现，然后是无神论社会主义（别林斯基）的形式，后来是以[19世纪]60年代的唯物主义、实证主义、费尔巴哈人道主义的形式，在当代则是以经济唯物主义的形式，在最近几年，它又以批判主义的形式出现。西方文明的诸多分支都根植于历史之中，在这些分支里，我们只看上其中的一个，不知道也不想知道所有其他分支，而且充分相信，我们接受了最正宗的欧洲文明。然而，欧洲文明不但有各种不同的果实和诸多分支，而且还有滋养大树的根部，在一定程度上，这些根部用自己健康的浆汁使有毒的果实变得无害。因此，甚至连否定的学说在自己的祖国，在与自己对抗的其他强大精神流派中间，也拥有完全不同的心理和历史意义，这个不同的意义是相对于下面的情况而言的：这些否定的学说出现在文化荒漠里，并希望成为俄罗斯教育和文明的唯一基础。两个人做同一件事情，但结果却是不同的（Si duo idem dicunt, non est idem）。但是，在这个基础上，还没有建立起任何一种文化。

现在，人们经常忘记，至少一半的西欧文化有宗教根源，建立在由中世纪和宗教改革奠定的宗教基础上。无论我们怎样对待宗教改革的教义，一般而言，无论怎样对待新教，我们都不能否定，宗教改革在整个西方世界唤起了巨大的宗教热情，这里也包括西方世界里始终忠实于天主教的部分，为了与敌人斗争，这个部分也被迫更新自己。在这个意义上，欧洲人的新个性是在宗教改革中诞生的（新个性的这个来源也给它留下了自己的印迹），政治自由、良心自由（信仰自由）、人权和公民权也是由宗教改革宣布的（在英国）；最新的研究还可以清楚地解释新教的意义，尤其是在改革宗、加尔文宗和清教徒运动里，对经济发展的意义，以及对培养能够成为发达的国民经济领导者的个人而言的意义。现代科学，尤其是哲学，主要也是在新教里获得发展的。这个发展完全按照严格的历史继承性而循序渐进地进行，没有出现裂痕和崩塌。西欧世界的文化历史是一个连贯的整体，中世纪以及宗教改革时代，与现代思潮一起，都还活在这个整体里，在其中占有必要的位置。

在宗教改革时代已经呈现出一条精神线索，对俄罗斯知识分子而言，它具有决定性意义。与宗教改革一起，在人道主义复兴里，在古典文化的复兴里，多神教的某些特征也获得了复兴。与宗教改革的宗教个人主义并列，新多神教的个人主义获得强化，它颂扬自然的、没有复兴的人。从这个观点看，就自己的本质而言，人是善良的和美丽的，只是外部环境歪曲了这个本质；只要恢复人的自然状态就够了，这样就可以达到一切目的。这就是各类自然法理论的根源，“进步”学说的根源，也是这样一个学说的根源，它认为，对于解决人类悲剧而言，只有外部改革才是万能的，因此整个当代人道主义和社会主义就是万能的。宗教个人主义和多神教个人主义外部的、虚假的接近并不能消除它们之间深刻的内在差别，因此我们在现代历史上不但可以看到这两个流派并行发展，而且还有它们之间的斗争。在思想史上，人道主义的个人主义主题获得强化，这是 17、18 世纪，部分地还有 19 世纪所谓的“启蒙运动（Aufklärung）”时代的标志。启蒙运动从人道主义的前提里做出最激进的否定结论：在宗教领域，它通过自然神论走向怀疑主义和无神论；在哲学领域，它通过理性主义和经验主义走向实证主义和唯物主义；在道德领域，它通过“自然”道德走向功利主义和享乐主义。也可以把唯物主义的社会主义看作是启蒙运动最晚和最成熟的果实。在现代历史上，这个方向是非常有影响的，它部分地是宗教改革运动发生分裂的产物，它自身就是西方精神生活里具有瓦解作用的原则之一。法国大革命和19世纪大多数革命都受到它的鼓舞，另外，它为欧洲市侩习气奠定精神基础，市侩习气的统治暂时取代了启蒙运动的英雄时代。然而，非常重要的是不要忘记，尽管欧洲大地的面孔，由于那个在大众中间广泛扩展的启蒙运动的通俗哲学而越来越遭到歪曲，并在市侩习气的冷漠中呆滞了，但是，在文化史上，启蒙运动从来也没有发挥过，现在也没有发挥独一无二的作用，或者说，甚至没有发挥主导的作用；欧洲文化之树至今依然以不可见的方式，靠旧宗教根须里生发的精神浆汁为生。这些根须，以及健康的历史保守主义还在巩固这棵大树，同样，启蒙运动渗透到根须和主干里，因此，这棵大树也开始枯萎和腐烂。所以，不能认为西欧文明在其历史基础上是非宗教的，尽管它在最近几代人的意识里的确越来越变得如此。我们的西方派知识分子没有超越他们对西方最新政治和社会观念的表面掌握，而且，他们接受这些观念的原因仅仅在于，它们与启蒙运动哲学最极端和严格的形式相关。就实质而言，在知识分子自己所做的这个选择上，甚至西方文明在其有机整体上也没有过错。在西方文明历史的视角里，对俄罗斯知识分子而言，中世纪“黑暗”时代的作用，整个宗教改革时代及其巨大的精神成就的作用，全部科学思想和哲学思想的发展，除了极端的启蒙运动思想之外，都将彻底消失。起初是野蛮时代，然后文明兴起，即启蒙运动、唯物主义、无神论、社会主义——这就是一个普通俄罗斯知识分子并不复杂的历史哲学。因此，在这里要顺便指出，在为俄罗斯文化而进行的斗争中，也要为更深刻的、具有历史意识的西方派而进行斗争。

我们的知识分子非常轻松地接受的恰好是启蒙运动的信条，这是如何发生的呢？可以指出其很多历史原因，但是，在一定程度上，这个选择也是知识分子自由的事业，因此，在这个事业上，他们应该对祖国和历史负责。

无论如何，俄罗斯教育中的时代联系因此而中断，我们的祖国在精神上因为这个中断而痛苦。

三

在抛弃了基督教以及它所确立的生活规范之后，与无神论一起，或者最好说，取而代之，我们的知识分子开始接受人神宗教的信条，但也只是西欧启蒙运动制定出来的某个人神宗教方案(而且还是其简化的、初步的形式）。人神宗教所有方案都固有的基本信条是对人的自然完善的信仰，对依靠人的力量实现的无限进步的信仰，同时，对这个进步的理解是机械论的。全部的恶都是用人类社会生活的外部混乱来解释的，因此既没有个人的罪过，也没有个人的责任，那么，社会建设的全部任务就在于克服这些外部混乱，当然是依靠外部的改革。在否定了上帝的天意，以及在历史上实现的任何原初规划后，人就把自己置于上帝的位置，认为自己就是自己的拯救者。有一种对历史过程的机械理解，有时候也是一种深刻的唯物主义理解，它与这个自我评价明显互相矛盾，但是，它也不能阻止对人的这个评价。对历史过程的机械理解把历史过程归结为自发力量的活动（如在经济唯物主义那里）。在这里，人始终是唯一理性的、有意识的代表，是自己命运的主宰。在西方，在文化繁荣时代（这个时代感觉到了人的力量）出现一种情绪，它在心理上还染上了富裕起来的资产者的文化自满感。尽管对宗教评价而言，欧洲市侩习气的这个自我神化（无论在社会主义里，还是在个人主义里，都是一样的）是令人厌恶的自满和精神上的盗窃，是意识的暂时迟钝。但是，在西方，尽管这个人神也有自己的狂飙突进时期（Sturm und Drang），却早已被驯服，平静下来（不过，谁也不知道，是否会持续很久），这和欧洲社会主义是一样的。无论如何，人神暂时没有能力动摇（尽管它缓慢而持续地在做这件事）欧洲文化的劳动基础，没有能力破坏欧洲各民族的精神健康。古老的传统和历史上的劳动纪律实际上还能战胜自我神化的腐蚀性影响。在俄罗斯，情况有所不同，因为在这里出现了历史时代联系的中断。在俄罗斯，人们不但带着青年人的激情，而且还带着少年人对生活和自己力量的无知而接受了人神的宗教及其实质（自我神化），它们获得了几近疯狂的形式。受这个宗教鼓舞，相对于自己的祖国，我们的知识分子感觉自己有使命去扮演上帝天意的角色。他们意识到自己是这个国家的光明和欧洲教育的唯一代表，觉得这个国家里到处都是漆黑一片，一切都是那么野蛮和异己。他们认为自己是这个国家的精神监护人，并决定拯救这个国家，按照自己的理解，根据自己的能力去拯救它。

针对俄罗斯的历史与现状，知识分子站在了英雄主义挑战和英雄主义斗争的立场上，同时，他们依靠自己的自我评价。英雄主义（героизм）——就是这样一个词，我认为，它表达了知识分子世界观和理想的基本实质，而且，这是自我神化的英雄主义。知识分子心理力量的全部活动就建立在这个自我感觉之上。

知识分子在俄国的孤立状态，他们与土壤的脱离，严酷的历史环境，缺乏严肃的知识和历史经验，这些因素激发了英雄主义的心理。于是，知识分子（尤其是有些时候）陷入英雄主义神魂颠倒的状态，并带有明显的歇斯底里色彩。俄罗斯应该获得拯救，它的拯救者可以且应该是一般的知识分子，甚至是某某人，除了他们，没有拯救者，也没有拯救。没有任何东西能够像外部迫害、与心理波折的斗争、危险，甚至是死亡那样巩固英雄主义的心理。我们知道，俄罗斯的历史在这方面没有吝啬过，俄罗斯知识分子就是在不间断的受难环境里发展和成长的，我们不能不景仰俄罗斯知识分子所遭受的神圣苦难。但是，对漫长的过去和沉重的现在的这些苦难的景仰，对自愿或不自愿的“受难”的景仰，也不能迫使我们对毕竟是真理的东西保持沉默，哪怕是为了面对知识分子殉难史的那份虔敬，也不应该对此沉默。

因此，受苦和迫害最能使英雄成为圣徒，无论是在他自己的眼中，还是对周围的人，都是如此。由于俄罗斯生活的悲惨特征，知识分子的这个命运经常在青年时代就降临了，所以，这种自我意识出现得也很早,以后的生活只是按部就班地在既定的方向上展开。在文学里，每个人在自己的观察中就可以轻松地找到很多这样的例子，一方面，警察制度对人们的伤害，剥夺他们从事有益劳动的可能性，另一方面，在它的牺牲品中间，警察制度协助培养了特殊的精神贵族主义，可以说，这就是地道的英雄主义。在俄罗斯知识分子的英雄主义心理中，警察制度产生的影响是非常多的，它不但对人们外部命运的影响巨大，而且对他们的心灵，对他们的世界观的影响也是巨大的，想到这一点是令人痛心的。无论如何，西方启蒙运动、人神宗教和自我神化的影响在俄罗斯的生活环境里找到了一个意外的，但很强大的同盟者。如果一个青年知识分子，比如说大学生或高等女校学员，可能还会怀疑，对于祖国拯救者的历史使命而言，他（她）是否已经成熟，那么，内务部对这个成熟性的承认通常会消除这些怀疑。把一个俄罗斯青年或者是昨日的平庸之辈变成英雄人物，就为此而需要的内心思想工作而言，这是个不复杂的过程，在大多数情况下，是短暂的过程，即接受人神宗教的某些信条和伪科学的“纲领”，此外，在自己的自我感受方面要发生相应的改变，在这个改变之后，英雄的样子就会呈现出来。随着痛苦的进一步发展，当局之残酷所导致的仇恨，沉重的牺牲、损失，将完成这个类型人物的塑造，这时，该类型的人无所不能，但就是不能怀疑自己的使命。

因此，英雄主义的知识分子不会满足于普通劳动者的角色（哪怕他被迫局限于这个角色），他的梦想是成为人类的拯救者，或者至少是俄罗斯民族的拯救者。对他而言，必需的东西（当然是在幻想中）不是有保障的最低限度（минимум），而是英雄主义的最高限度（максимум）。最高纲领主义（Максимализм）是知识分子英雄主义不可分割的特征，在俄罗斯的革命年代，这个特征非常明显地表现出来。这不是某个党派的特征，不是的，这是英雄主义的灵魂自身，因为英雄根本不会安于小事。甚至哪怕他看不到当下可以实现这个最高限度的可能性，而且永远也看不到这个可能性，他在思想上也只会专注于它。他在自己的想象中做出历史性的跳跃，对已经跨越的道路不感兴趣，把自己的目光投向历史地平线边缘上的亮点。这个最高纲领主义的标志是思想偏执、自我催眠，它束缚思想，培养对生活需求漠不关心的狂热情绪。这就可以回答这样一个历史问题，为什么在革命里获得胜利的是最极端的流派，而且当下的直接任务变得越来越极端（直到社会共和国或者无政府状态的实现）。因此，在我们胆怯和消极的，很容易屈从于暴力的社会普遍“左”倾的情况下，这些更为极端和明显的狂热流派却变得越来越强大，它们排挤了所有更为温和的派别（只要回想一下左派对立宪民主党人的仇恨就足够了）。

每个英雄都有自己拯救人类的方法，他应该制定自己的纲领。为此通常都采取政党或派别的诸多纲领中的一个,这些纲领在自己的目的上是没有差别的(它们通常以唯物主义的社会主义理想为基础，或者，在最近一段时间，也以无政府主义的理想为基础），差别在道路和手段上。下面的想法是错误的：政治党派的这些纲领在心理上符合它们在西欧国家大多数议会党派里所呈现的样子。这些纲领在我们这里是某种更多的东西，这是宗教信条（credo），是拯救人类的最正确的方法，是一套完整的思想，只能接受它，或者拒绝它。为了对这个纲领的信仰，知识分子最优秀的代表们牺牲生命、健康、自由和幸福。尽管这些纲领通常还被宣布为“科学的”，从而增加它们的魅力，但是，关于它们实际的“科学性”的程度，最好别谈，无论如何，甚至是其最热情的信徒们，就自己的发展和教育程度而言,在这个问题上也可能是糟糕的裁判。

尽管所有人都觉得自己是英雄，同样都有成为天意执行者和拯救者的使命，但是，他们在拯救的方法和道路上却是不一致的。因为纲领的这些分歧实际上触及灵魂中最核心的几根弦，所以，党派纷争将成为完全无法消除的。为了拯救人民，带有“雅各宾主义”

缺陷的知识分子渴望“夺权”“专制”，因此无法避免分裂和分散为相互仇视的派别，英雄主义的热情越是高涨，这种分裂就越是严重。不宽容和相互纷争是我们的党派知识分子非常显著的特征，关于这一点只要简单提及一下就够了。在知识分子运动里发生了一种类似自身中毒的现象。从英雄主义的实质自身就可以判断，它要求接受作用的客体（被拯救的人民或人类）是消极的，但是，英雄（个人的或集体的）则始终只是在单数里被思考。如果英雄和英雄的手段出现了好几个，那么，竞争和纷争就是不可避免的，因为不可能同时有几个“专制”。作为广泛流行的对待世界的态度，英雄主义不是聚合的原则，而是分散的原则，它所制造的不是合作者，而是竞争者。[①]

我们的知识分子几乎普遍都渴望集体主义，渴望人类生存的可能的聚和性，但就自己的气质而言，他们却是反聚和性的，反集体主义的，因为在他们自己身上有英雄主义自我肯定的分裂原则。在一定程度上，

① 在基督教和其他宗教的派别与宗派的历史上当然也有纷争。在一定程度上，在这里也可以看到英雄主义的心理，然而，这些纷争还有自己特殊的，与英雄主义心理无关的原因。

英雄是超人，就与自己近人的关系而言，他摆出拯救者高傲和盛气凌人的姿态。尽管知识分子渴望民主主义，但是，他们仅仅是精神贵族主义的一个特殊变种，高傲地把自己与“平庸之辈”对立起来。生活在知识分子圈子里的人清楚地知道这种傲慢和自负，这种对自己绝对正确的意识和对异见者的轻蔑，以及那种能够将一切学说汇入其中的抽象教条主义。

由于自己的最高纲领主义，知识分子很难理解历史现实主义和科学知识的论据。对知识分子而言，社会主义自身不是集合概念。集合概念指的是逐渐的社会经济变革，这个变革由一系列部分的和非常具体的改革构成；社会主义自身也不是“历史的运动”，而是超历史的“终极目的”（这是按照与伯恩斯坦的著名争论所使用的术语），要达到这个目的，就需要靠知识分子的英雄主义行为实现历史的跳跃。由此就有了历史现实感的不足和判断与评价方面的几何学的直线方式，以及他们臭名昭著的“原则性”。看来，从一个知识分子嘴里说出来的最常见的一个词是当他对一切进行评断时首先说出来那个“在原则上”，事实上就抽象地评价而不去深入理解现实的复杂性，因此，他们经常可以让自己摆脱对现实状况做出应有评价时所遇到的困境。在工作中与知识分子有过联系的人都知道，知识分子的这个“原则上的”不切实际性的代价有多高，这种不切实际性有时候导致的结果是把蚊子滤出来，却把骆驼吞下去。[7]

知识分子的最高纲领主义也是其在自己认为是自己拿手的问题上，以及在一些社会和政治的问题上提高自己水平的巨大障碍。因为如果让自己相信，运动的目的和方法已经确定，而且是“科学地”确定的，那么，对那些相对中间的、最近的环节的研究兴趣自然就会被减弱。无论是有意的还是无意的，知识分子都生活在对社会奇迹、普遍灾难期盼的氛围里，生活在末世论的情绪之中。①

英雄主义渴望通过自己的力量拯救人类，而且是通过外部手段；对英雄主义行为的独特评价就源于此，这些行为在最大程度上实现最高纲领主义的纲领。有些事情需要推动，需要完成某种超越自身力量的事业，而且还要献出最宝贵的东西，献出自己的生命——

① 无神论的末世论与基督教末世论之间有多大差别，这是无须说明的。

这就是英雄主义的宝训。人可以通过英雄主义的行为而成为英雄，同时成为人类的拯救者，这个英雄行为远远地超出一般义务的范围。这是活在知识分子心中的梦想，尽管能够实现这个梦想的人屈指可数，但它却是评判的一般尺度，是生活评价的标准。实现这样的行为是非常难的，因为这要求克服最强烈的本能，即恐惧和对生命的留恋，同时这也是非常简单的，因为只需要在相对比较短暂的时间段里做出意志上的努力，而这个行为所蕴含的或人们所期待的结果却被认为是非常伟大的。由于不能适应生活、无力承担生活重负而摆脱生活的渴望，与英雄主义的舍己融合在一起，以至于难以区分二者，因此，你会不由自主地问自己：这是英雄主义还是自杀？当然，知识分子的圣徒名录里有很多这样的英雄，他们把自己的一生变成了经历痛苦和漫长的意志努力的苦修，尽管他们各自的力量不同，但是，这个一般的基调是一样的。

显然，对待世界的这种态度更适应历史风暴，而不是让英雄感到寂寞的历史安宁。英雄主义行为的最大力量、非理性的“情绪高昂”、狂热行为、对斗争的陶醉（这种陶醉能够制造出一种英雄主义的冒险氛围）——这一切就是英雄主义本有的自发力量。正因此，革命浪漫主义的力量在我们的知识分子中间才如此巨大，他们那“臭名昭著”的“革命性”才如此巨大。不应忘记，革命的概念是否定的，它没有独立的内容，只能通过它对所破坏内容的否定来描绘，因此革命的激情所在就是仇恨和破坏。俄罗斯最著名的知识分子之一巴枯宁曾经表达过这样一个思想，破坏的精神同时也是创造的精神。这个信仰就是英雄主义心理的中枢。它（信仰）能够简化历史建设的任务，因为根据这个理解，建设首先需要的是结实的肌肉和神经，激情和勇敢，如果考察一下俄罗斯革命的编年史，你会不止一次地回想起这个理解……

知识分子英雄主义的心理最喜欢这样一种社会团体和社会地位，对它们而言，英雄主义在其直接的最高纲领主义的连续性方面是非常自然的。在我们这里，这些条件最有利的组合就是青年学生群体。他们年轻，加上年轻人的生理和心理，生活经验和科学知识方面的不足（他们的热情和自信可以作为补偿），他们在社会地位方面享有特权，但这个地位还没有达到西方大学生的那种资产阶级封闭性，由于这些原因，我们的青年人能够最充分地表现英雄主义的最高纲领主义类型。如果在基督教里，长老制（старчество）是精神经验和精神指导的自然体现，那么，在我们的知识分子中间，这个角色自然是由青年学生来扮演。精神上的孩子统治（педократия）是我们社会最大的恶，同时也是知识分子英雄主义及其基本特征的征兆性表现，但这是在突出和夸张的形式里的表现。在这种反常的关系里，“青年学生”的评价和意见对长辈是指导性的，这样的关系颠倒了事物的自然秩序，对老一代人和年轻一代人而言，这种关系造成了同等程度的危害。从历史角度看，这个精神霸权与青年学生在俄罗斯历史上靠自己的激情所扮演的角色有关，这个角色的确是先进的；从心理角度看，这个精神霸权可以用知识分子的精神气质来解释，在自己最活跃和最鲜明的代表们那里，知识分子在自己的世界观上一生始终都是原来的青年学生。由此就有了这样一种深深地令人悲伤却习以为常的冷漠，更糟糕的是，这样一种沉默的，甚或是公开的赞许，在我们这里，人们带着这样的赞许在观望，看看这些没有知识、没有经验，但却拥有知识分子英雄主义能量的青年如何着手进行严肃的，但就自己的后果而言是危险的社会实验，当然，自己的这个观望活动只能引起更强烈的反应。这些青年群体成员的年龄非常低，却有着最极端主义的行为和纲领，而这个事实并没有引起充分注意，也没有获得应有评价。更糟糕的是，很多人认为这很正常。“大学生”一词成了革命时期知识分子的普通名字。

每个年龄段都有自己的优势，自身中蕴含能量的青年拥有特别多的优势。关注未来的人最关心年轻一代。但是，如果对年轻一代有精神上的依赖，巴结奉承他们，听取他们的意见，把他们当作标准——这就表明社会在精神上的软弱。无论如何，基督教圣徒、苦修士（**подвижник**）的理想在此被革命大学生的形象给取代了，这就是知识分子英雄主义整整一个时期以及其整个心理气质的标签。

四

与目的的最高纲领主义有关的还有手段的最高纲领主义，后者最近几年也表现出来了，这是非常令人惋惜的。在这种手段上的模糊性中，在这个英雄般的

“一切都是允许的”（陀思妥耶夫斯基在《罪与罚》和《群魔》里就曾预言过）里，最大限度地体现了知识分子英雄主义的人神本质，以及这个英雄主义所固有的自我神化。用自己取代上帝及其天意，这不但在目的和规划里是如此，而且在实现它们的途径和手段里也是如此。我要实现自己的观念，为了这个观念，我可以让自己摆脱道德的束缚，赋予自己不但是占有他人财产的权利，而且还有决定他人生死的权利，假如为了我们的观念需要这样做的话。在每一个最高纲领主义者身上都有这样一位来自社会主义或无政府主义的小拿破仑。非道德主义，或者按照旧的表达方式，虚无主义是自我神化的必然结果，它会让最高纲领主义者遭到自我瓦解的威胁，等待他的是不可避免的彻底失败。很多人在革命中经历的那些痛苦的失望，无法从记忆中抹去的图景：专横、掠夺、大规模恐怖活动，所有这一切的出现都不是偶然的，而是必然潜藏于自我神化心理中的那些精神潜能的爆发。[1]

---

① 与阿泽夫（Азеф）的名字联系在一起的遭到揭露的那些事件表明，在英雄主义的最高纲领主义指引下，这种手段上的模糊性可以导致什么后果。如果手段是模糊的，那么，你就不

实际上，只有所谓的杰出人物才有可能达到英雄主义的高潮，而且是在历史的特殊时刻，但是，生活是由日常琐事构成的，知识分子也并非只由英雄人物构成的。没有真正的英雄精神或者没有英雄精神表现的机会，那么，英雄主义就会变成一种奢望，变成一种挑衅的姿态，这时就会形成一种特殊的习性：包括英雄主义的伪善和不负责任的吹毛求疵，永远的“原则上的”反对立场，此外，还会形成一种对自己权利的过分夸大的感觉，对义务和一般而言的个人责任的弱化意识。一个丝毫不高于周围的人，有时候低于周围人的最平庸的人，一旦披上知识分子的外衣，他就开始傲慢地对待周围的人。这个恶习在我们的外省生活里可以特别明显地感受到。潜在的自我神化并不总是能够制造英雄，但却能够培养傲慢自大的人。由于自我神化，人就丧失了个人行为和社会行为方面的绝对规范和不可动摇的原则，用专横或自己粗制滥造的东西来取代它们。因此，虚无主义是可怕的祸患，是腐蚀我们社会的可怕的精神祸根。英雄主义的“一切

（接上页）再区分，谁是革命者，谁是暗探或奸细。

都是允许的”不知不觉地由方方面面的简单无原则性所取代，包括个人生活、个人行为，以及日常生活的一切方面。我们有如此多的英雄，为什么却很少有普通正派的、遵纪守法的、能劳动的人？老一代人根据英雄主义的青年人的方针进行自我确定，为什么这些青年人在生活里却不知不觉地、轻易地就变成了“多余的人”，或者是（如果不是更糟糕的话）像契科夫和果戈理笔下的人物那样，以喝酒和玩牌而告终？一个重要的原因就在这里。普希金以自己天才的公正性掀开了悲剧性地夭折的连斯基[8]可能的未来的帷幕，在帷幕背后，普希金看到的是非常平凡的场景。针对一个现在被英雄的光环围绕的年轻人，当他的英雄主义的伪装消失了，心里只剩下虚无主义的空虚时，你们可以尝试在思想上做同样的事情，就是把他呈现为一个劳动者。难怪《一小时的骑士》的作者，知识分子诗人涅克拉索夫[9]感觉到，过早的死亡是对知识分子英雄主义的最好颂扬。

不要为他号啕痛哭：

年轻时就死去也不错！

无情的卑鄙根本来不及
把他的身体玷污……

这个英雄主义的伪装是肤浅且不稳固的，从它出发也可以解释知识分子品味、信念、情绪方面惊人的不稳定，它们顺应时髦随意改变。最近几年里发生了情绪上的变化，从英雄的革命情绪转向虚无主义，并沉迷于色情，现在，很多人面对这个情绪上的变化，以及自杀的流行都感觉惊讶，而且只用政治上的反动和俄罗斯生活的沉重印象来错误地解释自杀的流行。

但是，情绪上的这种更替与歇斯底里对知识分子而言是自然的，同时，在自己的实质上，他们自身没有发生变化，这个实质只是在历史节日和日常之间的更替中才更充分地呈现出来；伪英雄主义不可能不受惩罚。知识分子的精神状态不能不引起严重恐慌。引起最大恐慌的是年轻的、正在成长的一代人，特别是下一代知识分子的命运。知识分子不关注日常生活，脱离有机的生活秩序，没有自己的坚实基础，他们有自己的无神论和片面的理性主义，在自己的日常生活中却又普遍松懈且没有原则，他们把这些特质传递给自己的孩子们，这里有个区别，就是我们的孩子们甚至在童年时就丧失了健康的养料，也就是他们的父辈从人民的环境里获取的养料。我担心，退化的特征这时就会快速地显现出来。

个性道德、个性自我完善、个性的塑造等概念在知识分子中间非常不流行（相反，“社会的”一词却有独特的、神秘的特征）。尽管知识分子的世界观是对个性的极端自我肯定，是对个性的自我神化，但是，在自己的理论上，知识分子却无情地摒弃这个个性，有时候将其彻底地归结为环境和历史自发力量的影响（根据一般的启蒙运动学说）。知识分子不愿意假定，在个性里包含着活生生的创造能量，他们对与这个问题接近的一切都置若罔闻：不但对基督教学说是如此，甚至对托尔斯泰的学说（其中毕竟包含了个性自我深化的健康种子）和所有让我们顾及个性的哲学学说都是如此。

然而，缺乏关于个性的正确学说就是知识分子的主要弱点。对个性的歪曲，个性发展的理想中的虚伪是导致我们知识分子的弱点和缺陷、他们的历史失败的根本原因。知识分子不应该从外部，而应该从内部改正自己，而且，只能他们自己通过自由的精神苦修（подвиг）来改正自己，这种苦修是不可见的，但却是非常现实的。

五

如果把知识分子英雄主义和与之对立的精神面貌——基督教英雄主义，或准确地说，基督教苦修主义（подвижничество）进行对比，[1] 那么，知识分子英雄主义的独特本性就可以更加完整地呈现给我们，因为在基督教里，英雄就是苦修士（подвижник）。这里的主要区别不是外部的，而是内部的、宗教的。

把自己置身于天意角色的英雄因为这个精神上的僭越而赋予自己超过自己能力的责任，担负起超越人的能力的责任。基督教苦修士相信神－天意，没有这个神的意志，连头发都不能掉下来。在他的眼里，

① 卡莱尔（Карлейль）在自己的书《英雄与历史上的英雄事迹》（Герои и героическое в истории）里把英雄主义描述为一种精神气质，按照我们接受的术语，这种精神气质接近于苦修主义类型，无论如何，与无神论英雄主义有显著差别。

历史和人的单一生命就是实现神的建设活动，尽管这个建设事业对他而言在个体细节方面是不清楚的，面对神的建设事业，他通过信仰的修行而谦卑下来。因此，他立即摆脱英雄的姿态和奢望。他的注意力集中于他的直接事业上，他的真实义务上，他严格、绝对地履行这些义务。当然，对这些义务的界定和履行有时候也要求宽阔的视野和知识，就是知识分子英雄主义奢望的那种宽阔。但是，注意力在这里集中在对个性义务及其履行、对自我监督的意识上，这种注意力中心向自己和自己的义务的转移，对不被认可的世界拯救者的虚假自我感觉的摆脱，以及对必然地与这种自我感觉有关的高傲的摆脱，这一切都可以使心灵健康，用健康的基督教谦卑感充实它。陀思妥耶夫斯基在自己的普希金讲演里呼吁俄罗斯知识分子为了最高的圣物而走向这种精神上的克己，牺牲自己高傲的知识分子的“我”：“谦卑吧，高傲的人，首先要消除自己的高傲……战胜自己、驯服自己，你就会成为自己从未想到过的自由人，就可以开始自己伟大的事业，并让其他人成为自由人，你就会看到幸福，因为你的生活将变得充实……”[①]

在知识分子的圈子里，再没有比谦卑更不受欢迎的词了，很少能找到这样的概念，它们会遭到比它更大的不理解和歪曲，知识分子的蛊惑宣传最容易对它们胡言乱语，这一点大概可以最好地见证知识分子的精神本性，表达他们高傲的、以自我神化为基础的英雄主义。同时，根据教会的一致见证，谦卑是第一个和主要的基督教美德，甚至在基督教之外，它也是非常有价值的特质，无论如何，它见证的是高水平的精神发展。知识分子也很容易理解，比如，一个真正的科学家，随着自己知识的深化和扩展，他只能更加尖锐地感觉到自己无知的深渊，因此，对他而言，知识方面取得的成就伴随着对自己无知的不断扩大的理解，伴随着知识分子谦卑的增长，伟大的科学家们的履历可以证明这一点。相反，自信的自满，或者是希望以为可以通过自己的力量获得完全令人满意的知识，这是科学上不成熟或者幼稚的可靠和必然的征兆。

真正艺术家的突出特征也是同样的对自己创造的

① Собр. соч. Ф. М. Достоевского, изд. 6-е, т. XII. стр. 425.

深刻不满的感觉，与自己美的理想、艺术的任务的不一致，对他而言，他的劳动必然成为痛苦，尽管他只把自己的劳动看作是自己的生活。可以把对自己作品的永恒不满的感觉称为面对美的谦卑，没有这种感觉，就没有真正的艺术家。

面对不断扩展的任务，个人力量有限性的这种感觉同样也涉及哲学领域的思想家、国务活动家，以及社会政治家，等等。

如果在人类活动的这些个别领域里相对比较容易理解，谦卑是自然的和必需的，那么，相对于精神生活的核心领域，即道德－宗教的自我审查领域，这个理解为什么如此困难呢？对个性而言，其最高标准、理想的决定性的意义恰好就出现在这个领域：这个自我审查的标准可能是以在基督身上体现的神的完善个性的形象给出的，或者是由披戴人间有限外衣的自我神化的人给定的（人类、民族、无产阶级、超人），即最终是由自己的“我”给定的，但这个“我”面对自己已经摆出了英雄的姿态。苦修士敏锐的精神目光在有限的、被罪和欲望歪曲的人身上，首先是在自己身上发现了所有新的不完善，与理想之间的距离感在扩大，换言之，个性的道德发展伴随着对自己不完善的不断扩大的意识，或者，就是在面对神的谦卑里，以及在“行走在神的面前”里所表达出来的东西（在教会的、教父学的文献里经常是这样解释的）。英雄主义的和基督教的自我评价之间的这个差别渗透到心灵的所有细微变化里，渗透到整个自我感觉中。

因为缺乏个性的理想（准确地说，是因为对这个理想的歪曲），涉及个性的宗教文化，个性塑造和规训方面的一切在知识分子那里都必然彻底地陷入荒芜状态。知识分子缺乏这样一些绝对的规范和价值，它们是这个文化所必需的,而且只有在宗教里才能提供。首先缺乏的是罪的概念和罪的感觉,而且是如此缺乏，以至于罪这个词对知识分子的耳朵而言，听起来几乎是粗野的和异己的，这和谦卑一词是一样的。罪的全部力量，它那令人痛苦的重负，它对整个人生的影响的全面性和深度，一句话，人的罪的状态的整个悲剧，这个悲剧的出路只有各各他[10]才能在神的永恒规划里给出，所有这一切始终都位于知识分子的意识视野之外，知识分子似乎处在宗教的童年，他们不能超越罪，却低于对罪的意识。和卢梭以及整个启蒙运动一起，知识分子相信，自然人就自己的本性而言是善的，关于原罪和人之本性遭到根本性损伤的学说是迷信的神话，在道德经验里，没有任何与之对应的东西。因此，对个性文化（对同样遭到蔑视的“自我完善”）的任何特殊的关注根本就是不可能的，也不应该有，全部能量都应该整个地用于为改善环境而进行的斗争上。在宣布个性完全是环境的产物之后，又建议个性去改善这个环境，这就好像蒙赫豪森男爵[11]，抓着自己的头发把自己从沼泽地里拉出来。

对罪的感觉的缺乏，哪怕是面对罪的一种胆怯的缺乏，可以解释知识分子心理和生活方式的很多特征，还有我们革命，同样还有革命后到来的精神颓废方面很多令人悲伤的方面和事件。我们的知识分子曾经从西方文明餐桌上拿来很多诱人的菜肴给自己吃，现在依然如此，这就彻底地损害了自己本来就有病的胃；是否该回想一下简单、粗糙，但绝对是健康和有营养的食物了，该回想一下摩西十诫，然后再去回想《新约》！

英雄主义的最高纲领主义完整地向外投射，用来达到外部目的；针对个人生活，在英雄主义行为以及与之有关的一切之外，英雄主义的最高纲领主义变成了最低纲领主义，即完全不关注个人的生活。因此，它不适合于培养坚定的、遵守规则的、劳动能力强的人，即独立的，而不是依赖于歇斯底里的社会浪潮的人，这样的浪潮随后将被衰败取代。知识分子的整个类型都是由最低纲领主义和最高纲领主义的结合来决定的，在这个结合里，最高追求将在对个人的最低培养的条件下呈现出来，包括在科学领域，以及在生活经验和自律性领域的个人培养，这一点非常突出地表现在青年学生违反自然的领导地位上，表现在我们精神上的孩子统治的现象里。

基督教苦修主义（подвижничество）按照另外的方式理解世界。我将不去过多地解释，在无神论信仰和基督教信仰里，世界和历史的发展目的是什么：在第一种信仰里是最后几代人的幸福，他们在自己祖先的鲜血和尸骨上欢呼胜利，但是，他们也将遭遇不可违反的死亡命运，更不用说自然灾害的可能性了；在第二种信仰里是对普遍复活的信仰，对新地和新天的信仰，那时“神将是万物中的一切”。[12]

显然，任何积极－无神论的最高纲领主义在自己的信仰上与基督教学说之间甚至没有略微的接近。但是，在这里我们感兴趣的不是问题的这个方面，而是两个学说在个性生命及其心理中是如何折射出来的。在这个意义上，与知识分子英雄主义的高傲完全对立，基督教苦修主义首先是在个人生活中、在对自己提出的要求中的最高纲领主义；相反，外部最高纲领主义的尖锐性在这里完全被消除了。基督教的英雄或苦修士（当然是用我们不太严格的术语说）不为自己提出主宰（Провидение）的任务，因此，也不把历史与人类的命运与自己的，甚至是任何其他人的个体努力联系在一起，他认为自己的行动首先是履行自己面对神的义务，遵守面向他的神的诫命。他有义务在最完满的意义上遵循神的诫命，在探索自己的事业和义务时,同样完满地表现出自己的潜能和忘我精神。在一定意义上，他也应该追求行动的最高纲领主义，但这完全是另外的意义上的最高纲领主义。在针对谦卑的最一般的误解（不过，这里的误解不仅仅是在好的意义上，而且也是在坏的意义上呈现出来的）中，有一个误解是，基督教的谦卑与自我、任性，以及自我神化进行斗争的内部且不可见的苦修操练，必然被解释为外部消极性，解释为与恶的妥协、无为，甚至是卑躬屈膝（низкопоклонничество），[1]或者是被解释为外部意义上的不作为，而且，基督教的苦修主义与它的诸多形式中的一个混淆，尽管这是非常重要的一个形式，即修道生活（монашество）。作为个性的内心世界的操练，苦修主义与任何外部行动都是相容的，因为外部活动与它的原则不矛盾。

有人特别愿意把基督教的谦卑与“革命的”情绪对立起来。我不打算详细研究这个问题，但是我想指出，作为一定的政治行动的革命自身还不能预先解决精神和理想的问题，而精神和理想能够鼓舞革命。德米特里·顿斯科伊（Дмитрий Донской）在圣谢尔基（преподобный Сергий Радонежский）的祝福下抵抗蒙古人，在政治意义上，这是革命的行为，如同反抗合法政府一样，但同时，我认为，在参加者的心里，

① 当然，一切都有可能被伪造和歪曲，谦卑之名掩盖或已经掩盖了这样一些特征，它们事实上与谦卑自身没有任何共性，比如，胆怯和伪善的卑躬屈膝（如同知识分子的英雄主义和革命性经常掩盖放纵和流氓行为一样）。美德越高，对它的模仿和歪曲就越恶毒。但是，关于美德的实质，不能根据这些模仿和歪曲来评断。

它（抵抗蒙古人）是基督教苦修主义行为，它与谦卑的修行不可分割地联系在一起。相反，以无神论为基础的现代革命就自己的精神而言，不但远离基督教的谦卑，而且远离一般的基督教。与此类似，在英国清教徒革命与法国无神论革命之间也存在着巨大的精神差别，如同克伦威尔（Кромвел）[13] 与马拉（Марат）[14] 或罗伯斯庇尔（Робеспьéр）[15] 之别，以及雷列耶夫 [16] 或十二月党人之中的宗教信徒与革命后期的活动家们的差别。

事实上，被称为英雄主义行为的个别行为与基督教苦修主义心理是完全相容的，当然，这需要相应的历史条件，但是，这些行为的实施不是以自己的名义，而是以神的名义，它们不是按照英雄主义的方式，而是按照苦修主义的方式实施的，甚至在与英雄主义有外部相似的情况下，它们的宗教心理与英雄主义毕竟是不同的。“努力进入天国的，努力的人就得着了。”① 为了实现善，每个人都得“努力”，都需要自身力量的最大限度的紧张，但是，这样的努力还不能赋予英

---

① 《马太福音》11:12。

雄主义以自我感觉、精神高傲的权利，因为它仅仅是履行义务："你们做完了一切所吩咐的，只当说'我们是无用的仆人，所做的本是我们应分做的'。"①

基督教苦修主义是不间断的自我控制，是与自我那些低级而罪恶的方面的持续斗争，是精神的苦修（аскеза）。如果对于英雄主义而言，寻求伟大行为及伟大行为的爆发是典型的，那么，在这里相反，作为规范的是过程的平稳性、"节奏感"、自制力、毫不松懈的自律、忍耐力和持久性——这些特质恰好是知识分子缺乏的。在弃绝自己之后（就是说，不仅仅是在外在的意义上，而且主要是在内在的意义上），忠实地履行自己的义务，背起每个人自己的十字架，把一切其他事情都交给神的天意，——这就是真正苦修主义的特征。在修道院的日常生活里有对这个宗教实践思想的出色表达：听命（послушание）[17]。交给修士的任何一样工作都这样称呼，无论是学术工作，还是最沉重的体力劳动，只要是为了宗教义务而做的工作，都可以这样称呼。这个概念可以在修道院之外

① 《路加福音》17:10。

流传，也可以针对任何一种工作来使用，无论是什么样的工作。医生和工程师，教授和政治活动家，工厂主和他的工人，在履行自身义务时，同样都可以不遵循自己个人的利益，无论是精神的，还是物质的利益，而是遵循良心，遵循义务的要求，承担起听命的任务。这个听命的规则，“俗世的苦修主义（аскетизм）”（用德语表达就是 innerweltliche Askese）深深影响了西欧社会各个劳动领域里的个性塑造，我们至今都还可以感受到这种塑造方式。

知识分子最高纲领主义的反面是对历史的不忍耐性，缺乏对历史的清醒，渴望发生社会奇迹，实际否定对进化论理论的信奉。相反，“听命”的规则应该促进培养历史方面的清醒、自制力和忍耐力；它教导要承担起历史的重担，听命历史之轭，它培养与过去的联系感，以及对这个过去的感激之情，为了未来，现在的人们很容易遗忘过去，但它重建了子辈与父辈的道德联系。

相反，人道主义进步是对父辈的轻蔑，是对自己的过去的厌恶，以及对过去的彻底谴责，是历史的，甚至经常只是个人的忘恩负义，把父辈与子辈的精神纷争合法化。英雄按照自己的规划创造历史，他们似乎从自身开始创造历史，把现存的东西看作是发挥作用的物质材料或消极客体。在这种情况下，历史联系在情感和意志上的断裂就变得不可避免。

上述对比让我们得出知识分子英雄主义与基督教苦修主义之间的关系的一般结论。在它们之间有某种外部相似，但是，却没有任何内在的相近性，更不用说任何潜在的关联。英雄主义的任务是通过自己的力量，按照自己的规划，“以自己的名义”在外部拯救人类（准确地说，是拯救人类的未来部分），英雄就是这样的人，他在最高程度上实现自己的思想，为了这个思想不惜牺牲生命，这就是人神（человекобог）。基督教苦修主义的任务是把自己的生命变成不可见的舍己、听命，全力以赴、自律、自制地完成自己的劳动，并且把劳动、把自己仅仅看作是神意的工具。基督教的圣徒是这样的人，他通过不间断的和不松懈的苦修，在最大程度上改造自己个人的意志和自己全部的经验个性，直到神的意志充分地渗透进来。这个渗透的完满形象就是神人（Богочеловек），他来“不是要按自己的意志行，乃是要按那差他来的”[1]，是“奉主名来的”[2]。

一般而言，现在倾向于低估基督教（至少是在其伦理学说里）与知识分子英雄主义之间的差别，而不是夸大这个差别。知识分子英雄主义在历史上从基督教那里借用了一些最基础的教义——首先是关于人们的价值平等、人的个性的绝对尊严、平等与团结的观念。促成这一点（即低估而非夸大）的首先是知识分子不理解无神论与基督教之间全部真正的分别。因此，人们不止一次地、非常自信地“改正了”基督的形象，使它摆脱了“教会的歪曲”，把基督呈现为一个社会民主党人或者是社会主义革命者。俄罗斯知识分子之父别林斯基就是这方面的例子。[3] 这种乏味的，对宗

---

① 参见《约翰福音》6:38。

② 《路加福音》19:38。

③ 别林斯基在给果戈理的著名的信（这是对知识分子情绪的热情和经典的表述）中写道：“您在基督和某个教会之间，尤其是在基督与东正教会之间，找到了什么共性？他第一个向人们宣布了自由、平等和博爱的学说，通过受难确立、铭刻了自己学说的真理……但是，基督学说的意义是由上世纪哲学运动揭示的。”（Белинский В. Г. Письмо к Гоголю. С предисловием С.А. Венгерова. Спб. 1905, с.13）。

教情感而言是无法忍受的操作不止一次出现过。不过，知识分子自己对基督教与知识分子英雄主义的这种接近本身也不感兴趣，他们利用这种接近主要是出于政治目的，或为了“宣传”的方便。

还有另外一个更精致和更具诱惑力的，同样是亵渎的谎言，在最近一段时间，它在不同形式里特别经常地被重复着，就是这样一个论断，知识分子最高纲领主义及其革命性与基督教的区别实际上只在宗教的不自觉性上。我们已经看到，知识分子最高纲领主义和革命性的精神基础是无神论。似乎只要用基督的名字替代马克思或米哈伊洛夫斯基的名字，只要用福音书，或者最好说用《启示录》（就其方便引用而言）替代《资本论》就够了，或者，甚至不需要做任何替代，而只需要再强化知识分子的革命性，继续政治革命，那么，从这种革命里就可以产生新宗教意识（似乎在历史上没有过持续时间足够长的知识分子革命的例子，在这里，知识分子的所有精神潜能都获得呈现了——这个例子就是法国大革命）。如果在革命前比较容易把多灾多难的和遭受迫害的知识分子（他肩负着与官僚主义专制制度的英勇斗争）与基督教受难者混淆起来，那么，在革命期间、在知识分子的精神自我得以显现之后，这种混淆就变得更加困难了。

现在，我们仍可以观察到对我们这个时代而言特别典型的知识分子的假基督教，这是在保留知识分子英雄主义自己的精神面貌的情况下对基督教词汇和思想的掌握。我们每个人，知识分子中的每个基督徒，在自己的内心深处都可以找到这种精神气质。知识分子英雄主义改穿基督教外衣，真诚地把自己知识分子的体验和习惯的英雄主义激情当作基督教正义的愤怒，这时，它最容易在教会革命论中，在自己新的神圣性、新宗教意识与“历史教会”的谎言的对立中呈现自己。类似的基督教知识分子有时候没有能力真正地满足向“历史教会”成员提出的普通要求，但却最容易感觉自己是马丁·路德，或者，不仅如此，他感觉自己就是新宗教意识的先知式的体现者，其使命不但是更新教会生活，而且是建立新的教会形式（几乎就是新宗教）。在世俗政治领域，构成革命纲领内容的最普通的知识分子最高纲领主义也只是增补了基督教术语或文本，就被当作真基督教而用在政治里。知识分子的基督教完整保留了知识分子英雄主义里最反宗教的东西，即它的心理气质。这个知识分子的基督教是各种对立原则的妥协，这种妥协具有暂时的和过渡的意义，而不拥有独立的生命力（我在心理学方面提出和研究所有这些问题，不在实质上考察它们）。这种妥协是真正的知识分子英雄主义所不需要的，对于基督教而言，也是不可能的。和任何一种宗教一样，基督教也是爱嫉妒的；只有当它占据整个人，占据他的整个灵魂、内心世界和意志时，它在人身上才是强有力的。没有必要掩盖或弱化这个对比。

在原初基督教的和革命的受难者之间没有任何内在的、实质的类似性，尽管修行上的外部同一性是存在的，同样，知识分子英雄主义和基督教苦修主义在它们的呈现上也有外部类似（不过，只能部分地和大致地假定这个类似），但是，在它们之间始终有深渊相隔，它们不能同时处在这个深渊的两侧。其中一个应该死亡，为了另一个的诞生，随着其中的一个的死亡，另外一个就可以成长并得以巩固。两个世界观之间的真正关系就是如此。为了向新生命复兴，需要“忏悔”，即重新考察、重新思考和重新评断自己以前的内心生活及其深处和波折。这就是为什么福音书教导的第一句话就是呼吁忏悔，它建立在自我认识和自我评价的基础上。“天国近了，你们应当悔改。”[1] 应该有新的灵魂，新的内在人诞生，他将在生活苦修中成长、发展和巩固。这里说的不是政治或党派纲领的改变（他们通常也不思考这个领域里的革新），根本不是讨论纲领，而是更多的东西，即关于人的个性自身，不是关于行为，而是关于行为者。这个再生在人的内心以不可见的方式发生，但是，如果不可见的代表甚至在物理世界里也是最强大的，那么在道德世界里，不能仅仅根据他们的强大力量没有被纲领的特殊条款规定下来，就否定这个力量。

俄罗斯知识分子面临缓慢而艰难的个性改造之路，在这条路上没有飞越，没有剧变，只有努力自律才能获得胜利。俄罗斯在生活所有领域里都需要新的活动家：在国家领域是为了实现“改革”，在经济领域是为了提高国民经济，在文化领域是为了提高俄罗

① 《马太福音》3:1-21；4:17，《马可福音》1:14-15。

斯启蒙工作的水平，在教会领域是为了提高教会及其神职人员和主教们的教导力量。如果俄罗斯可以等到新人的出现，那么，他们当然要为自己的服务寻找新的实际途径，我坚信，除了现存的纲领，那些新途径会向这些新人的忘我探索而敞开。[①]

六

知识分子为自己提出的任务是为人民服务。在自

① 个人的附言（Post-scriptum pro domo sua）。我对知识分子内心气质做出严厉的评价（本文第三至第五部分），针对这个评价，可能有人会指责我，说我在这里对忘我的、受苦的、遭受迫害的人进行审判，至少我自己不止一次地提出过这个问题。但是，无论我对自己评价如何低，我都感觉到有义务［哪怕是作为一种社会“服从（听命）”］说出我所看到的一切，说出我心里的一切，这是我全部经历、感受的结果，我关于知识分子反复思考的结果，面对知识分子、俄罗斯的责任感和痛苦的不安迫使我这样做。但是，在批判知识分子的精神面貌和理想时，我根本没有评判个别人，同样，在提出自己的理想（我坚信它的真理性）时，我根本没有想过，我自己最接近这个理想。而且，可以感觉自己是接近绝对理想的人吗？……不过，呼吁追求理想，把它展示给看不见它的人，这不但是可以的，而且是应该的。

己对待人民的态度上，知识分子经常性地并不可避免地在两个极端之间摇摆——人民崇拜和精神贵族主义。对一定形式（或者旧民粹派的形式，它发端于赫尔岑和以对社会主义精神的信仰为基础的俄罗斯人民，或者现代马克思主义的形式，在这里，同样的这些特质被赋予人民中的一部分，即“无产阶级”，而不是人民）的人民崇拜的需求源自知识分子信仰的基础。但是，从知识分子信仰里可以推导出相反的东西——对待人民的高傲态度，把人民当作拯救作用的对象，如同一个未成年人，他需要保姆教育，以便成为有“自觉”能力的人，如同知识分子意义上的没教养的人。

我们的文献多次指出了我们知识分子与人民之间精神上的隔离。根据陀思妥耶夫斯基的意见，这种隔离已经由普希金先知般地预见到了，起初是在其笔下的永恒漂泊者阿列哥（Алеко）的形象里，然后是在叶甫根尼·奥涅金的形象里，后者开启了“多余的人”的一个系列。确实，密切的历史联系，同情的关切，对自己历史的爱，对自己历史在审美意义上的接受，这些情感在知识分子那里少得惊人，在他们的调色板上占主导地位的是两种颜色，过去的黑色和未来的玫瑰色（根据对比，我们伟大作家们崇高的精神和敏锐的目光就显得更加清晰了，他们沉入俄罗斯历史深处，从那里创造出《鲍里斯·戈都诺夫》《商人卡拉什尼科夫之歌》《战争与和平》）。历史经常是运用理论图示所需要的材料，这些图示目前在人们的头脑中占统治地位（比如，阶级斗争理论的图示），或者，历史是达到政论、宣传目的的材料。

俄罗斯知识分子的世界主义也是众所周知的。[①]用启蒙运动抽象图示培养出来的知识分子接受波扎侯爵（маркиз Поза）的姿态再自然不过了，他们感觉自己是世界公民（Weltburger），这个空虚的世界主义，健康的民族情感的缺乏（妨碍民族自我意识的培养）与知识分子脱离人民有关。

知识分子还没有认真思考民族问题，只有斯拉夫派思想家们关注这个问题。知识分子仅满足于对人民性来源问题上的“自然的”解释（从车尔尼雪夫斯基到现在马克思主义者，车尔尼雪夫斯基尽力贬低民族

① 关于它在日俄战争期间获得的那种独特的和不祥的表述，最好不谈，以免触痛这些令人伤心的和病态的回忆。

问题的独立意义，[①] 马克思主义者们把民族问题消解在阶级斗争之中）。

民族理念的基础不仅仅是民族和历史的，而且首先宗教文化的，它以宗教文化弥赛亚主义（религиозно-культурный мессианизм）为基础，任何有意识的民族情感都必然具有弥赛亚主义的形式。在宗教弥赛亚主义理念（религиозномессианская идея）的最大体现者——古代以色列那里是如此，在任何伟大的历史民族那里始终都是如此。追求民族自治，守护民族性，保卫民族，这只是对该理念否定的表达，只有在与该理念所包含的肯定内容的联系中，它（表达）才有价值。我们民族自我意识最伟大的表达者，陀思妥耶夫斯基、斯拉夫派、弗·索洛维约夫就是这样理解民族理念的，他们把民族理念与俄罗斯教会或俄罗斯文化的世界任务联系在一起。完全不应该把对民族理念的这个理解归结为民族主义的特殊性，相反，只有这样的理解才能以肯定的方式论证各民族兄弟团结的理念，这里是各民族，而不是非民族

① 在其对穆勒（Д. Ст. Милль）的《政治经济学基础（Основания политической экономии）》所做的注释里。

的、原子化的“公民”或放弃祖国的“所有国家的无产者”。这样理解的民族理念是文明过程肯定的必要条件之一。我们那些怀揣自己世界主义的知识分子当然要排除很多困难，它们在对民族问题的实际研究中必然会出现，[①] 但是，这要付出巨大的代价，即心灵的一个方面的完全麻木，而且这个方面直接面对人民，我们顺便指出，正是因为如此，这个世界主义才如此轻易地被战斗的、沙文主义的民族主义代表们所利用，因此，爱国主义的垄断权就掌握在他们手里。

在知识分子和人民之间制造最深鸿沟的还不是这一点，因为这一点毕竟只是一个派生的差别；主要差别始终在对待宗教的态度上。民族世界观和精神气质是由基督教信仰决定的。无论理想与现实之间的距离在这里有多远，无论我们的人民是多么的愚昧无知、缺乏教养，但是，人民的理想是基督和他的学说，[②]

① 因此，当前的“新斯拉夫主义（неославизм）”运动在原则上依然是没有依据的。

② “就算我们的人民身上有残忍性和罪恶，但是，在他们身上还有一个毫无争议的东西：这就是他们在整体上至少从未把自己的罪恶当作真理（правда），也不想这样做……罪恶是暂时的，而基督是永恒的。人民每天都在违法犯罪，但是，在

它的准则是基督教的苦修主义。我们人民的整个历史不是苦修主义，还能是什么呢？我们的历史包括压制人民的蒙古人统治，然后是莫斯科和彼得堡的国家，还有漫长的历史重负，保卫西方文明抵御野蛮民族，抵御亚洲沙漠，在这个严酷的气候里，还有永恒的饥饿、寒冷和苦难。如果我们的人民能够承受这一切，还能保留自己内心的力量，而且活下来了，哪怕是受

（接上页）自己最好的时刻，在基督的时刻，人民从来不会在真理方面出差错。重要的东西恰好就是他们像相信真理那样相信的东西，他们认为真理就是自己所信的东西，就是他们所想的东西，重要的东西就是他们最渴望的东西，就是他们所爱的东西，他们向神祈求的东西，他们在祷告中哭求的东西。人民的理想是基督。与基督在一起的，当然还有教育，在自己重大和关键的时刻，我们的人民总是按照基督教的方式去解决一切共同的、全民的问题，而且解决了这些问题。”（Достоевский Ф. М. Полн. собр. соч., изд. 6-е, т. XXI, с. 441.）陀思妥耶夫斯基与最伟大的俄罗斯艺术家和思想家们都认同对人民心理的这个理解，把已经引用过的别林斯基信中表达的知识分子世界观与这个（理解）进行对比是有趣的：“请您仔细看看，您会看到，这是一个在天性上深刻的无神论人民。在他们身上还有很多迷信的东西，但是，连宗教性的影子都没有（sic）……神秘主义的兴奋并不在他们的本性里：因为在他们的头脑中有太多健康的意义，清晰性和肯定的东西，其未来历史命运中的伟大之处也许就在这里。”（Письмо к Гоголю - 14.）

尽摧残，那么，这只是因为其精神力量的源泉就是自己的信仰，是基督教苦修主义理想。苦修主义是人民的民族健康和生命力的基础。

在诸多世纪里，人民汇聚到修道院，寻求道德支持和教导。与修道院里点燃的长明油灯类似，① 这些苦修主义理想、基督之光照亮了罗斯。因为我们人民拥有了这光，所以我可以毫不犹豫地说，人民比人民自己的知识分子更有教养，尽管他们完全不识字。但是，恰好在这个核心点上，针对涉及人民信仰的所有问题，知识分子在过去和现在都是完全不理解的，甚至是轻蔑的。

因此，知识分子与人民的接触首先是两个信仰、两个宗教的冲突，而知识分子的影响首先表现为它破坏人民的宗教，进而瓦解人民的心灵，使它离开它至

---

① 关于修道院在俄罗斯历史上的道德意义的权威和精湛的描述，参见克柳切夫斯基的一次讲演“俄罗斯民族精神出色的教育家（圣谢尔基）”（“Троицкий цветок”，№ 9）。另见科热夫尼科夫（Кожевников В.А.）的《基督教苦修主义的过去和现在（Христианское подвижничество в его прошлом и настоящем）》（即将出版）。

今已有几个世纪的坚实基础。那么，知识分子提供什么替代物呢？他们自己如何理解人民教育的任务？他们是按照启蒙运动来理解这些任务的，即首先将其理解为理智的发展和知识的丰富。不过，因为这些启蒙者的们时间和能力都有限，更重要的是，他们自己的教养也不足，所以，自己的任务就被取代了，或者是教条式地表述当时在该党派里占统治地位的学说（这一切当然是在最严格的科学性的招牌下做的），或者是传播取自不同领域的零散知识。同时，我们普遍的没文化，学校、教科书的不足，那些首先是简单的知识的缺乏，这一切都非常明显地体现暴露出来了。无论如何，在知识分子意义上的启蒙任务就被置于初级教育之前，即传播基础知识，或者就是教人识字。对于知识分子启蒙者们而言，这些任务与政治和党派的任务不可分割地联系在一起，对政治和党派的任务而言，表面上的启蒙教育仅仅是必要的手段。

我们都看到了，在大剂量地接受上述意义上的启蒙后，人民的心灵开始颤抖，它对这个精神上的空虚的反应是多么令人伤心，这个空虚以犯罪率增长的形式出现，犯罪起初是在思想的借口下实施的，后来就没有这个借口了。[1] 知识分子错误地以为，俄罗斯的启蒙和俄罗斯文化能够建立在作为精神基础的无神论的基础上，完全不用靠个性的宗教文化，可以用简单的知识传递取代这一切。人的个性不仅仅是理智，而首先是意志、性格，忽视这一点将遭到残酷的报复。破坏人民身上几个世纪的宗教–道德基础将释放其中的黑暗力量，在俄罗斯历史上，这样的黑暗力量非常多。俄罗斯的历史被蒙古人的统治和游牧民族征服者的本能给深深地毒害了。在俄罗斯人民的历史的内在深处，总是有圣谢尔基修道院与扎波罗热营地（Запорожская Сечь）或自由民逃民（他们填充了冒名者们、拉辛和普加乔夫的军团）的传统之间的斗争。[2] 这些令人恐怖的、没有组织的、自发的力量在其破坏性的虚无主义方面看来只能与革命的知识分子接近，尽管这个虚无主义被知识分子看作是自己的精神中的革命论（революционизм）；事实上，这些力量的来源非常古老，远比知识分子自身还古老。俄罗

---

① 关于这个问题在《知识分子与宗教》一文里我已经说过了。

② 试比较克柳切夫斯基教授对哥萨克和扎波罗热的描写。《俄罗斯历史教程（Курс русской истории）》。（Часть III. M., 1908.）

斯国家很难克服它们，只能为它们设置一些外部界限来束缚它们，但是，它们没有被国家彻底战胜。知识分子启蒙教育通过自己影响的一个方面唤醒了这些沉睡的本能，让俄罗斯返回混乱状态，这个状态弱化了俄罗斯，俄罗斯在历史上曾艰难地克服它，并付出了巨大的牺牲。最近几年的教训就是如此，人民中间的革命道德就是如此。

因此就可以理解那深刻撕扯现代俄罗斯的精神纷争，以及俄罗斯的分裂，即分裂为无法结合起来的两半，分裂为右派和左派，黑帮和红帮[18]。在实行人民代表制度的国家里，以政治见解、社会地位、财产权益的分歧为基础的党派划分是普通的和非常流行的现象，在一定意义上，它是不可避免的恶，但是，这个划分无论在哪里都没有像在俄罗斯那样，渗透得那么深入，对民族精神和文化的统一产生那么大的破坏。甚至在“资产阶级”社会的一般组成中，最突出的西欧的社会主义党派实际上始终还是其社会的有机成员，也不会破坏文化的完整性。我们的右派和左派的区分有个特点，就是区分的对象不仅仅是政治理想上的差别，而且大多数情况下还有世界观或信仰上的差别。如果要在西欧历史上寻找更准确的历史类似物，那么，这个区分更接近天主教徒和新教徒的划分，以及由此而产生的宗教改革时代的宗教战争，而不是现在的政治党派。为了看清这一点，只要把其中第一个左派分解为主要的精神元素就可以了。俄罗斯知识分子的使命是为俄罗斯启蒙教育服务，这个启蒙教育被迫要与几个世纪的蒙古人习俗斗争，这个习俗深深地侵入我们生活的各个方面，还要与官僚主义专制制度的专横及其国家管理方面的无能斗争，与以前的农奴制和体罚制度斗争，与现在的死刑制度斗争，与粗野的习俗斗争，目的是争取更好的生活条件。所谓的解放运动的理想内容可以归结于此，知识分子承担起这个运动的困难和负担，在这场斗争中，知识分子为自己挣得了大量受难者的光环。对俄罗斯生活而言不幸的是，知识分子把这场斗争与自己否定的世界观密切地联系在一起。因此，对于珍惜人民信仰宝藏的人，对于感觉自己的使命是保护这个宝藏的人而言，首先是对于教会人士而言，为了保卫人民的信仰，必须要与知识分子对人民的影响进行斗争。宗教纷争混在了为了政治和文化的理想而进行的斗争里，我们的知识分子至今还不能充分地理解这场纷争及其对未来俄罗斯的威胁的全部重要意义。历史处境的进一步恶化的原因就是知识分子几乎全都离开了教会，以及他们因离开教会而深陷于其中的文化孤立。显而易见，对于相信教会的神秘生活的人而言，教会在当下历史时刻的某种经验外形没有决定性意义；可是无论这个外形如何，它都不能也不应该导致对教会的终极胜利的怀疑，以及对教会将毫无疑问照耀所有人的怀疑。然而，当我们在经验秩序上讨论俄罗斯地方教会，把它看作是历史发展的一个因素时，我们不能认为下面的事实是无关紧要的，即俄罗斯有教养的阶层几乎全都有无神论的倾向。这种放血治疗方式当然不能不体现在剩下的那些教会活动家们的文化和思想水平上。在知识分子中间，针对教会生活中大量的顽疾，幸灾乐祸的态度是常见的，我们丝毫不打算贬低这些顽疾，也不打算否定它们（然而，至于教会生活的所有肯定方面，知识分子始终是不理解的或不知道的）。那么，知识分子是否持有对教会生活的这种批判的真正权利呢？要知道，他们自己暂时依然停留在以前对宗教的冷漠或原则上否定的立场上，暂时还认为宗教只是无知和愚昧。

假如教会知识分子就是这样出现的，那么他们就会把真正的基督教与对文化任务和历史任务启蒙式的清晰理解结合在一起（现代教会活动家们恰好缺乏这种理解），这样的教会知识分子能够回应现实的历史和民族的迫切需要。假如在这个秩序里，知识分子甚至被迫遭到迫害和压制（为了自己无神论理想，知识分子遭遇了太多的迫害和压制），那么，这个情况便会具有巨大的历史和宗教道德意义，并且以完全特殊的方式反映在人民的心中。

不过，知识分子目前把自己教养的全部力量都用于瓦解人民的信仰，那么，对人民信仰的保卫就是一场斗争，它肯定越来越带有这样的特征（这是必然的，也是令人悲伤的），即它不但是反知识分子的斗争，而且是反启蒙的斗争，既然启蒙实际上只通过知识分子传播，——这样，蒙昧主义将成为保卫宗教的手段。这个对双方而言都是反常的状况正是在最近几年变得尖锐了，它（状况）使得我们的现代处境变得特别痛苦。此外，自私的反动派、骗子、浑水摸鱼之徒在利用为保卫人民信仰而与知识分子展开的斗争作为借口，这一切构成一个历史的和心理的编织物，在这里形成习惯的思想进路，历史的思想联合体，它们的支持者和反对者开始把它们看作是内在必要的和不能废除的。这两个极都在加大力度充电，但是，它们所充的电是不同质的。人们按照这种反常的规模形成事实上的小组，它们又分为不同的阵营，这里制造出相应的心理氛围，保守主义的和专制的氛围。民族被一分为二，在无效的斗争中，民族最优秀的力量被浪费掉了。

这个情况是由我们精神发展的整个过去导致的，时代的任务就是克服上述的分裂，超越它，这里需要理解的是，分离的基础不是内部的、理想的必要性，而只是历史事实的力量。下面该解开我们历史中的这个戈尔迪之结[19]。

七

与整个俄罗斯生活一样，俄罗斯知识分子的心灵也是由各种矛盾交织而成，它在自身中引起矛盾的情感。既不能不爱这个心灵，也不能不拒斥它。与否定特征并列（这些否定特征标志着缺乏文化和历史的不成熟，它们迫使我们必须克服知识分子），在俄罗斯知识分子饱受苦难的面貌里还透露出精神之美的特征，它们使得知识分子像一朵由我们的严酷历史培育的非常独特的、珍贵的、温馨的花；知识分子自身似乎就是那朵浸透着泪水和鲜血的“红花”，它被知识分子最高尚的代表之一、有一颗伟大心灵的加尔申看见了。

在这个知识分子中间，与敌基督原则并列还可以感受到高尚的宗教潜能，等待自己灵化的新的历史肉体。对上帝之城的这个紧张探索，对在大地上如同在天上实现神的意志的渴望，与市侩文化对稳定的大地幸福的迷恋有着天壤之别。俄罗斯知识分子丑陋的最高纲领主义及其在实践上的无能就是歪曲宗教的后果，这个最高纲领主义只能被健康的宗教克服。

俄罗斯知识分子的本性是宗教的。陀思妥耶夫斯基在《群魔》里把俄罗斯、首先是它的知识分子与福音书里被鬼附体的人进行对比，只有基督能治愈他，他只能在救世主脚下找回健康和恢复体力。这个对比现在也是有效的。群魔进入俄罗斯庞大的躯体，在抽搐中摇晃它，折磨、摧残它。只有靠不可见的，但却是伟大的宗教苦修才能治愈俄罗斯，让它摆脱这群魔鬼。知识分子拒绝了基督，他们避开他的面孔，从自己心中消除他的形象，让自己丧失内在生命之光，并与自己的祖国一起为这个背叛、为这种宗教自杀付出代价。奇怪的是，他们没有能力忘掉这个内心的创伤，也没有能力恢复内心的平衡，在破坏了自己之后，他们没有能力安定下来。在拒绝基督之后，知识分子在自己心中携带他的印记，在对他的无意识思念中徘徊，不知道如何消除自己的精神饥渴。这个极度的不安，这个对非此世真理的非此世的梦想在他们身上留下特殊痕迹，让他们变得非常奇怪、狂暴、喜怒无常，如同中了魔似的。就像那位失去自己未婚夫的美丽的书拉密一样：夜里在自己的床上，在大街和广场上寻找她心爱的人，问城里的守夜人，他们是否看见她心爱的人，但是，巡查城市的守夜人没有回答她，而是毒打并伤害了她。[1] 但是，她心爱的人，她的心渴念的人就在附近。他站在那里，敲击这颗心，高傲的、不驯服的俄罗斯知识分子的心……他的敲击声是否有一天会被听见呢?

---

① 见《雅歌》3:1-31；4:1。

译注

1 汉尼拔誓言（Ганнибалова клятва）：不顾一切坚持斗争到底的誓言。罗马和迦太基（Карфоген）长期处在敌对状态。迦太基统帅汉尼拔（Ганнибал，前 247—前 183）少年时随父亲出征，讨伐罗马。根据传说，在汉尼拔九岁那年，他向父亲许下誓言，永远与罗马为敌。成为统帅后，他多次重创罗马军队，但最终因战败而自杀，致死恪守当年的誓言。因此，“汉尼拔誓言”具体还指一个人一生不背叛自己在少年时代许下的誓言。

2 斯坚卡·拉辛（Стенька Разин，1630—1671）：顿河的哥萨克人，1670—1671 年领导农民起义（彼得大帝时期之前最大规模的一次起义），失败后被处死。

3 叶梅里卡·普加乔夫（Емелька Пугачев，1742—1775）：顿河的哥萨克，青年时期被征兵到波兰打仗，1773 年领导了俄罗斯历史上最大的一次农民起义，最终因起义失败而被处死。

4 加尔申（В.М.Гаршин，1855—1888）：俄罗斯作家。

5 杜勃罗留波夫（Н.А.Добролюбов，1836—1861）：俄罗斯哲学家和政论家，他是车尔尼雪夫斯基的朋友。

6 布哈列夫（А.М.Бухатрев，1822—1871）：俄罗斯神学家、宗教作家、政论家，在莫斯科神学院就读期间剃度成为修士，后还俗成家。

7 形容舍本逐末，轻重倒置。参见《马太福音》23：24。

8 连斯基（Ленский）：普希金长诗《叶甫根尼·奥涅金》

中的人物。

9 涅克拉索夫(Н.А.Некрасов, 1821—1878): 俄罗斯著名诗人。

10 各各他（Голгофа）：耶稣基督蒙难的地方。

11 蒙赫豪森男爵（барон Мюнхгаузен）：虚构的德国贵族。

12 这句话出自《哥林多前书》15:28，在各种中文翻译中，吕振中的译法最接近俄文版。

13 克伦威尔（Thomas Cromwell，1485—1540）：英国政治家，国王亨利八世的首席国务大臣。

14 马拉(Jean-Paul Marat, 1743—1793): 法国政治家、革命家、医生，1792 年巴黎人民起义的领导者之一。

15 罗伯斯庇尔（Maximilien Robespierre，1758—1794）：法国大革命时期的政治家。

16 雷列耶夫（К.Ф.Рылеев，1795—1826）：俄罗斯诗人、政论家，十二月党人起义的领导者之一。

17 或译为顺从。

18 黑帮（черносотенство）的直接意思是“黑色的百人团”，主要指 1905—1917 年间在俄罗斯存在的团体，其成员镇压工人运动，迫害犹太人。红帮（красносотенство）指 1905—1907 年俄罗斯革命期间由格鲁吉亚农民组成的武装队伍。在本文里，黑帮和红帮没有具体所指，泛指对立的派别。

19 戈尔迪之结（гордиев узел）：根据西方传说，揭开这个“结”的人就可以成为亚细亚之王。比喻要解决的问题不是个简单的问题。

创造性的自我意识

米·奥·格尔申宗／著
张变革／译

一

不，我不会像新基督教牧师那样对俄罗斯知识分子说“要信仰”，也不会像托尔斯泰那样说“要爱”。人们在宣教的感召下，最好的情况就是意识到爱和信仰的必要性，那又有什么意义呢？要使一个没有信仰没有爱的人去爱、去信仰，需要的是内心的悔改和更新，意识对此几乎是无能为力的。为此，人精神存在的结构需要被重新组织，需要在本能行使力量的领域——意志领域——发生某种机制更新。

我们能够也应该对俄国知识分子说的就是，努力成为一个人。当他成为人时，不用我们说他就明白需要做什么：爱或去信仰，以及具体如何。

之所以这样说，是因为不论我们俄国知识分子有多少人，都不是正常人，都是残疾人——我们的缺陷甚至不是通常的生长缺陷，而是偶然和暴力导致的缺陷。我们是残疾人，因为我们的人格是分裂的，在意识和意志共同生长的地方，我们丧失了自然发展的能力，我们的意识如同脱离了列车的火车头，飞速驶向远方，奔向虚空，完全不顾感性意志的生活。俄国知识分子——这首先是从少年时期就开始生活于自己之外的人，从这个词的字面意思来看，他认为唯一值得关注和参与的是他个性之外的——人民、社会、国家。世界上没有任何地方的社会舆论能像我们这里这样专断，而我们的社会舆论在四分之三个世纪以来一直牢牢建立于这一最高原则：只要一想到个体的己——就是自私自利，就是卑鄙下流；只有思考社会问题、关注社会问题并服务于社会公益的人才是真正的人。真正完成这一使命的知识分子在我们这里当然寥寥无几，但这一旗帜的神圣性却被所有人认同。如果有谁没有做到，他也会柏拉图式地在心里认同服务于社会公益是唯一的拯救行动，并因此而摆脱做其他事情的义务。这个原则在真正的行动者那里成为他们的信仰，他们也的确因此而获救；而对其余广大知识分子，则成为深陷堕落的根源，在他们眼中，这就是他们在生活中缺少理想主义行动的借口。

于是，人们对此习以为常，谁也没有想过，人不可能永远过外在生活，我们正是因此才内心生病，行动无力。人们或者将内在意识转到身外，转到外在世界，或者做出一副向外转的样子，——总之不是向内转，于是我们都成了残疾人，内在真实的“我”与我们的意识发生了分裂。内心深处我们依然感到迷茫，被盲目束缚而又混乱的力量疯狂地驱使；而丧失根基的意识开着无果之花。当然我们每日生活中还有些许微弱之光——没有光就无法生存——这光也是在自己闪烁，而不是我们在维持，发生在我们身上的一切都纯属意外。每一代俄国知识分子的感性自我都发生变化，新的需求逐渐渗透其中，进入生活并被充分肯定，但考虑这些却让人沮丧，所有真正创造性的、富有生命力的工作都纯粹是自发完成的，不受意识的控制，意识只是事后记录其结果而已。由此可见，所有那些发生在俄国知识分子生活中的都是不可避免的，而个人、家庭、社会生活中发生的一切都不持续稳定，都混乱无序，意识则丧失了其本质和作用。

二

在人复杂奥秘深不可测的精神世界中，一切都不是孤立的，没有由低级到高级、由感觉到愿望、由感性接受到抽象思考的机械过渡，一切都浑然一体。然而，通过直接的内心体验，我们认识到内心不同的精神领域，并感知到它们的不同性质。这首先涉及我们逻辑意识的性质。

与历史唯物主义的教义相反，有两种普遍规律可以确定。第一，我们意识活动的性质（即它的节奏、强度）完全由个人先天的生理和心理结构所决定；第二，意识的倾向和能力在很大程度上是自主的。换句话说，就是如何在我们的意识生活中明确，有多少取决于我们中心意志的属性，又有多少相对独立于它，更多受到教育、环境等强加在我们意识上、使意识为其进行加工的材料之性质及其自主机制的影响。意识的这种相对独立性是我们精神存在的最根本事实。

从总体时间来看，意识从属于世界的整体计划，在这种意义上，它是不自由的；但对每个个体而言，意识可以被经验把握并呈现为自主的力量。意识可以远离人，在各种道路上随意漫步，甚至飞向天空。它是涵纳真理的精神器官。如同无线电报高高扬起的天线，意识接收空中所有神性真理的电波。这一真理是由人类千百年来的生活经验、由数以百万计既相似又不同的个体经验所累积并逐渐提取出来的：它仅对个体而言是理想，但就其实质而言，它并非天生如此；它是人类经验的最高概括，就是真实存在之唯一现实的概括，符合人永恒不变之本质的准则。由于这真理源自人类精神根基,以不可抗拒之力量进入每个人的意识，因此它一旦呈现在头脑中，就使这头脑无可逃避地受制于它，因为真理是人里面的上帝，即人在宇宙中有意识的自我决定。

每个人的头脑可以接受真理的数量是巨大的。我们这些受过教育的人都知道不少上帝的真理，而我们所知的千分之一就足以使我们成为圣人。然而，众所周知，知道真理和行出真理完全是两回事儿。意识不单独存在，也不单独行动，不能直接接触现实世界；

只有人的中心意志才能行动，即只有经过意志，意识才能把所认识的真理实现出来。

意识的主动性对我们而言是莫大的福祉，也是极大的危险。是福祉是因为，由于独立于我们的意志，意识可以大量接收超个体的真理，如上文所言。但显然，这种结合的不足之处是，人时刻都受到逻辑认知与感性人格分离的威胁。其危险在于，意识能脱离个体的人，正如我们经常看到的，这表现为两种现象：其一，意识不再管理意志，而是抛开意志，听任激情的摆布；其二，意识本身如果不是处处受到意志中心合理性的控制，就会摇摆不定，前途暗淡，就会流于狭隘，乃至陷入严重错误。人类的总体意识不会迷失，而个体意识一旦脱离人而另觅他途，则注定要迷失。意识有种常规活动，很难形诸言辞，但每个人都能感知到它，就是最高意义上的意识自我中心，其本身是无意识的——是意识与感性之间难以描述的相互作用，是其间无休止的争斗和短暂的平衡，其深处则是整体之人的和谐发展，其外在可能表现为一系列的震惊。

于是思想不再四处闲逛：它贪婪地注视着个体的

深渊——自身人格的深渊！它发现了自己内部的根本矛盾，痛苦而急切地寻找符合所知真理的出路，它也不是不加区分地接受所有真理，而是只接受完成这项任务所需的真理，并毫无保留地加以运用。于是真理就全部作用于机体的生长，不再是贮存无用的财富，就像卷羽鹈鹕[1]囊中到死都派不上用场的储备食物。这里决定思想的不是个体：世界的实体在个体位格中得到实际的转化，这一实体存在于所有事物中，其中每一原子中的实质变化都是宇宙不可逆转的运行。

需要实例证明吗？有两个典型的实例。一个是约翰·班扬，本来是个贫穷愚钝的补锅匠，他幽暗的生活（他生活在17世纪英格兰一个小镇上）突然被巨大的哀痛所笼罩。他从小就知道的朴素的福音真理，也是我们都知道的，此时突然在他心中焕发了生机。于是超越于个体之上的真理与个体意志之间的争战在他内心展开。内在的声音不停地问他："你是愿意离弃罪，还是让灵魂与罪一同灭亡呢？"这种折磨持续了两年半之久。"一天，"班扬讲道，"我到邻近的镇上，坐在街中长椅上，陷入了深深的沉思，想到我的罪使我陷入何等可憎的境地。过了很久，我抬起头来，我似乎看到太阳拒绝与我分享它的光芒，甚至房顶上的瓦片也在密谋与我作对，它们对我深恶痛绝。我不敢再待下去了，因为我对救赎主犯了罪。哦，任何一个被造物都要比我更幸福！只有我一个人没有得到救赎。”

班扬胜过了罪并复活于新生。两百年后卡莱尔在另一个层面上经历到同样的争战。他的精神曾长期困扰于恐惧。卡莱尔在《衣裳哲学》中讲述了他是如何战胜恐惧的：“我心中突然产生了一种想法，问自己：‘你怕什么？你为什么像个胆小鬼一样整天唉声叹气，躲避所有人，整日惶惶不安呢？你这卑贱的两条腿动物！有什么最坏的结果摆在你面前呢？死亡？好吧，就算是死亡吧。要对陀斐特（地狱）的折磨，以及魔鬼和人想要、将要、能够加给你的一切痛苦说不。你难道没有勇气吗？你难道不能像自由之子那样承受一切吗？虽然被逼迫，但你不能把要毁灭你的陀斐特（地狱）踏在脚下吗？赶紧行动吧！我可以蔑视魔鬼。’当我这样想的时候，整个灵魂涌过一股暖流，彻底抖落了可鄙的恐惧。一种莫名的力量使我刚强起来，我成为灵，甚至成为上帝。从这一刻起，我彻底改变了：

不再恐惧和哀伤痛苦，而是目光炽热，对恐惧充满愤怒和威严的蔑视。”

我选取这两个鲜明的例子来展示意识的运作机制。意识没有走远，没有到漫无边际的空间盘旋，而是直入人的内心，实际重组了人的意志。班扬和卡莱尔所经历的内心争战都带有大灾难的特点，可以说非同寻常。通常意识的运行远没有这么激烈，而是适度的，就是说是灵活的，只有在个体自我意识如上述两个例子时，才表现出极端的特点。

每个人生来都是完整独特的，其心理生理机体是世界上任何地方都没有的。每个独特的个体都有感性意志的核心，如同中央政府一样，从隐秘的深处发出指令并使之贯彻执行。每个核心，即每个个体的意志都是组成世界的一个单体，不管我们是以人，还是以青蛙为例，生命个体的呈现都极其独特。一切生命存在都是个体性的，既是特殊的又从属于整体计划。但人除了这种本能意志之外，还有自我意识，因此，成为人就意味着意识到自己作为个体的独特性，并理性地确立自己与世界的关系。一旦人的意识苏醒，他面前就会出现丰富多样的生命。如果人的精神没有残疾，其所有能量就本能地专注于使现实有意义，这仅仅是因为敞开的意识无法忍受无序，它要寻找世界的和谐一致。这除了是个体统一的人，不可能是别的什么。年轻人观察生活，反观经验，阅读书籍，从中寻找意识的组成成分，即那些能最充分、最准确地表达他天性中种种倾向的思想。这不是智力单方面的活动：在此过程中，人的感性意志高度紧张，精神固有的倾向得到极其鲜明的体现。这个过程持续不断，直至自己的“我”完全展现于意识中。与此同时，这里发生着另一个过程——个体的人按照意识中超自我的理念评价自我，并积极地实现自我转变。经验证明，这种转变可能半途而废。意识可以控制某些意志过程，以习惯抑制或引导其发展，以所了解的真理规范意志。意识的这种角色发生在个体身上，也发生在社会生活中，因为国家法律或法规不是别的，而是客体化了的意识，它强制性地调整人的行为，竭力重塑人的意志。

这种正常的精神生活要求人内在的专注和自由。意识应向内转，转向个体本身，摆脱所有偏见，排除一切外在任务强加给它的异己倾向。认为这会使意识变得狭隘是不对的。个体意识就本性而言，不能局限于自身，不能脱离与理性的共同生活；因此，共同理性的每次实质运行都不能不展现于个体意识，区别仅在于，在人整体有机的灵魂中，理性那模糊的需求找不到根基，但承载人类普遍真理之深沉严肃的永恒理念，激情般燃烧，就像我们在约翰·班扬和卡莱尔的例子中所见到的。只有这样的人，才能在内心产生清晰有力的愿望，然后将自己全部的精神力量投注于改造现实。这种完整性还不能从最高意义上确定人的价值，即不能从宗教意义上，从道德和政治信念上确定人的价值，但它是确定这一切的首要和根本的条件，因为它能保证人不凭外在偶然和片面的诱导获得信念，不是讨好公众舆论或追求时尚，不是为了展示读书获得的聪明机智，而是真实自然地按自我意志的本性行事。这种经过个体深思熟虑做出的选择，不再是意识徒劳无益的运动,而将成为人全部生活的推动力。这与纯粹理智不同，纯粹理智就其本质而言还是无生命的理念，可以被称为情感理念、激情理念。但在没有预先确定人的世界观的情况下，这种精神完整性就能绝对地保证世界观的总体特征，即其宗教性：正常的人，也就是按心灵本质来说内心完整的人，不能不是宗教的人。这点我们还会再谈起。

看来已经非常明确了，个体的自我意识和自我教育不是什么道德义务，而不过是人天性固有的规律，其根本就是意识内在于人的事实。它是人精神机体自然的过程，如同孩子长出牙齿，或人的性机能成熟一样。但人机体的成熟不受制于意识的参与，而在精神发展过程中，意识不仅是发展的客体，也是其积极的参与者。智齿到了一定时候就会长出来，而精神发展的正常过程可能会被历史条件、社会偏见，以及个人迷失所扭曲。这种可悲的扭曲正是俄国知识分子精神生活的写照。

三

俄国知识分子将自己的家谱追溯到彼得大帝改革时期，这是有道理的。知识分子也如同人民一样，提到改革没什么好话。改革把大量宝贵但感觉遥远的思想强加给社会上层，几乎是机械地把人分裂了，把意识和意志割裂开来，教会了意识对真理夸夸其谈。改革教导人们，不要耻于生活的黑暗和真理的匮乏，因为伟大真理的财富已经汇集意识中。在将意识从意志的日常控制中解脱出来时，也使意识陷入可怕的妄想。当今的俄国知识分子是农奴主兼伏尔泰主义者的后代和继承者。“分而治之（divide et impera）”在这里被证明是合理的。但凡俄罗斯有几个意识发达的健全人，他们身上高端的思想能有机地提升他们的人格——专制极权就难以实现。但高度发达的意识越是脱离身体，人越是过着没有意识的肉体生活，那里的专制就不能不肆虐。这是亘古不变的历史规律。如果还需要实例，只要想想克伦威尔的“圣徒们”[2]和那几个举着“上帝与人民（dio e popolo）”[3]的旗帜解放了意大利的年轻人就够了。

果实成了种子，结出百倍的收成。专制不能不引起受教育阶层对社会问题的极大关注：将加在外部整体的压力集中于一点，就会使局部超级敏感。社会舆论充斥意识，意识与个体感性意志生活的分离成为普遍规范，而且还成为神圣生活的衡量标准，成为灵魂获救的唯一途径。

个体这种堕落是俄国知识分子命中注定的，这主要体现在三个方面：内在方面——将知识分子变成不健全的残疾人，外在方面——使知识分子脱离人民，最后，前二者的结合注定了知识分子在压迫他的权力面前彻底丧失能力。

诚然，如果历史学家沿着日常生活和思想两条途径研究俄国社会生活，就不会出错，因为它们之间几乎没有任何共同之处。人的意志生活不仅因理性的影响发生改变，还直接受到其他因素的影响。这首先是艺术创作之美的影响——音乐，建筑，诗歌；艺术从外部规范意志的节奏，将其调教到和谐。但占据首要位置的还是意识，它的作用是双重的。思想就其本质而言富有节奏，思考仿佛是自动完成的，可以规范混乱的无意识的意志。但它不仅是表面上规范意志：思想的内容——真理——也为其确立目标，使之不仅节奏鲜明，而且方向明确。

在过去的半个世纪中，我们的知识分子都在做什么？——我当然是说知识分子群体。一群革命家挨家挨户地敲门："大家都到街上来吧！坐在家里是可耻的！"——所有的意识都散落到广场上，瘸腿的、瞎眼的、断臂的：一个都没留在家里。他们在广场上聚集了半个世纪，大喊大叫，骂骂咧咧。他们家里却是肮脏、贫穷又混乱。但主人顾不上这些。他是为了人民，是在拯救人民，——这比繁重的家务要更轻松，也更忙碌。

没有人过自己的生活,所有人都忙于社会事业(或者只是摆出一副样子）。甚至没有人自私地为自己生活，没有为生活感到快乐，也没有充分享受生活的乐趣，只是匆匆忙忙地随便咬口什么，囫囵吞枣，同时为自己的贪婪而羞愧，就像淘气犯错的狗一样。这是一种奇怪的禁欲主义，不拒绝感性生活，而是拒绝对它进行引导。感性特立独行，笨手笨脚，阴沉忧郁。如果猛然被意识撞到，——就会拼命爆发：喝掉一瓶香槟就破口大骂，或者组成某个禁欲小组。总而言之，俄国知识分子的生活极其可怕，彻头彻尾的卑劣，杂乱无章，甚至不守外在规矩。每天都不知道怎么过的，今天这样儿，明天那样儿，全凭一时兴起，一切都颠倒了；游手好闲，邋里邋遢。个人生活更是一塌糊涂，婚姻生活乃至性生活乱七八糟，对待工作无知而又懈怠，在公众生活中则不可遏制地倾向专制，完全不尊重他人的个性，对权力时而傲慢挑衅，时而俯首帖耳，——我说的不是群体，而是个体的状况。

此时意识脱离了分内该做的事情，病态地游手好闲，越是少花精力塑造个性，就越是竭力用真理充满自己——各种可能的真理，需要的和不需要的。丧失了意志活跃需求之嗅觉，也就失去了方向。我们社会思想的历史不是按其内部发展的阶段划分，而是以某种国外的标准划分成国家的不同时期，这难道不让人感到奇怪吗？谢林哲学、黑格尔哲学、圣西门主义、傅立叶主义、实用主义、马克思主义、尼采哲学、新康德主义、马赫、阿芬纳留斯、无政府主义——不管哪个阶段都是外国人的名字。我们大众的意识没有为自己加工出生活价值，没有循序渐进地重估他们的价值，像在西方所做的那样；因此我们甚至在追荐亡灵时也不提那些推进民族思想之人的名字；在虽然神圣却漫不经心的对真理的渴求中，我们只是抓住了西方思想每次为自己创造的思想，并守着这个礼物，直到出现新的、更好的礼物。与此相反的是，对自己的思想精英们探索得到的真理，当然是在个体意识上进行的探索，——恰达耶夫、斯拉夫派、陀思妥耶夫斯基，我们并不看好，也认不出他们思想中的民族独特性，——这一切都是因为我们的意识丧失了那只有在与意志不断交流中才能产生的实质内容。

这种毫无结果的思考不可能是健康的。一旦意识与意志之间的血脉联系中断了,思想就变得虚弱无力,罹患疾病，所有时代、所有人都一样。最不能避免和最先来到的是对意识结构的毁坏,这被称为实用主义。在正常的精神生活中，作为世界观的实用主义是不会出现的。当意识转向内部，开始影响个体的人，它每时每刻都与精神之非理性因素接触，不断接触世界本质，因为合一的宇宙意志透过个体意志得以显现；此时的意识必然是神秘的，也就是宗教的，任何学说都不能得出相反的结论：它透过直接的知识认识永恒，这种知识成为意识的第二天性，是意识所有运行的不变法则。但当意识脱离了自己的根基，对神秘的感知就会马上中断，上帝就从它的思想中退出，它的运行就变成虚幻的游戏，它所做的一切判断都不可靠，都不能付诸实现，如同建筑师不考虑透视原理和建筑材料特点而贸然设计图纸一样。而这正是俄国知识分子的情况。自别林斯基之后，我们的历史，那些探索人生意义的思考，都是一场噩梦。说出来既可笑又可怕:其所有算计都是，仿佛整个世界、所有事物和人的灵魂都是按照逻辑规则设计出来的，只是不够合理，因此我们可以运用理性最终领悟世界的规律，可以给世界规定短期目标（没有总体目标，因为我们的理性看不到它），可以实际改变事物的本质，等等。唯一不可思议的就是，整整几代人都陷入这种荒谬绝伦的妄想；而他们也是凭着非理性感知，也看到眼前创世的奇妙，也看到死亡并且也在等候死亡。但他们不思考自己的感受，不看上帝创造的世界：他们的意念极其自负——与他们贫血的思想相匹配。

于是形成了怪圈。因为意识需要有具体的材料来驾驭，对于俄国知识分子，这材料就是社会生活，它比任何事物都更能使意识脱离个体的人。生活重心转移到过度肥厚的器官上。从有意识的思想苏醒时起，俄国知识分子就成了政治的奴隶，想的只是政治，读的、争论的都是政治，到处——在别人身上、在艺术中寻找的也是政治，因为看不到上帝之光，日子过得简直像个囚犯。这成为一个怪圈：人们越是投身社会生活，他们的意识就越不健全，意识越不健全，他们就越贪婪地投身到社会生活中。社会公众榜样、公众态度在人年轻时对人起过作用，随着年日的增长，思想已经习惯于不安分守己地待在家里，除了去广场就无事可做，就算在那儿什么都不做，只是听听别人背后传来的声音也好，甚至根本不听。有的在政府部门工作——做工人的宣传鼓动工作；有的兴致勃勃地读着拉夫罗夫的书；有的听过这名字就算不错了；而大多数人是契诃夫笔下的人物——一事无成，不敢也不能明白过来，甚至还坦然自若。

看来只有近年来俄国成长起来的伟大文学能够治愈我们。文学还没有被我们的精神枷锁所束缚。真正的艺术家首先是内心独立的人，不能以狭隘的利益限制他，也不能用外在观点控制他：他可以自由地感知现象的整体性和自我经验的整体性。俄国伟大的艺术家是自由的，自然，越是真正的天才，越是痛恨知识分子狭隘的社会功利道德的眼罩，因此，其艺术才华几乎可以毫厘不爽地以其对知识分子的痛恨程度衡量出来：只要提一下最有才华的人就好了——托尔斯泰、陀思妥耶夫斯基、丘特切夫、费特。如果知道我国最杰出的天才对我们充满厌恶并拒绝祝福我们的事业，我们不感到羞愧吗？他们呼唤我们另觅他途——从我们灵魂的监狱走到广阔自由的世界，走进我们精神的深处，走入对真实奥秘的领悟。而知识分子赖以为生的一切，对他们仿佛不存在；在公民精神搞得热火朝天时，托尔斯泰却在赞扬卡拉塔耶夫、库图佐夫等人明智的“愚拙”；陀思妥耶夫斯基研究了“地下室”；丘特切夫为最初的混沌唱赞歌；费特则歌颂爱情与永恒。但没有人追随他们。知识分子为他们鼓掌喝彩，因为他们唱得太好了，但却不为所动。更有甚者，他们以精神领袖——批评家和政论作家——为代表，对创作自由之真理做出了党的判决：对丘特切夫——不理不睬，对费特——讥笑嘲弄，把陀思妥耶夫斯基说成是反动作家，称契诃夫为冷漠的作家，等等。艺术的真理，就像生活的真理一样，被一种根深蒂固的意识偏见所阻止，无法进入他们的灵魂。

没有个体的人，只有同质化的群众，因为每个人的精神世界早已经在学校的板凳上就被阉割了。唯有自由开放的感性与自我意识相结合才能塑造出强有力的个性和人格，缺少这个条件，鲜明的个性又从何谈起呢？将意识表面化是世界上最好的制剂，可以磨平一切。在俄国公众生活居于主导地位的这段时间里，其最鲜明的个体只出现在革命者身上，这是因为积极的革命活动在我国是富有献身精神的，也就是，要求人的是意识对个体进行大量的工作，从内心深处拒绝与所有可贵事物的关系，不对个人幸福抱任何希望；拒绝自己的生活，并不奇怪，当一个人内心取得这种胜利后，其外在表现必然是坚定有力的。而大多数俄国知识分子是没有个性的，带有群氓的所有特征：一成不变地习惯于激进和狂热急躁。

四

这群内心残疾的人能接近人民吗？人民是有思想的，人民思想的作用不可低估——所有认真研究过人民的人都可以证实这点，特别是格列勃·乌斯宾斯基[4]。如果说人民不理解我们甚至憎恨我们，还不是全部。也许，他们不理解我们是因为我们受教育程度比他们高？也许是因为我们不做体力活儿，却生活奢侈？不是的，主要原因是他们看不到我们身上的人：我们对人民来说是人模人样的怪物，是内心深处没有上帝的人，——这样说是公允的，就像带电物体的两极一碰就产生电一样，神圣的火花只有在个人意志与意识相交时产生，而这是我们从来没有的。人民感受不到我们身上人的存在，因此不理解并且憎恨我们。

我们甚至没明白这点。我们坚信，人民与我们的差异仅仅是受教育程度不同，如果不是当权者设置的障碍，我们早就把我们的知识灌输给人民，并与他们融为一体了。人民的心灵结构与我们的完全不同，这点我们从来没有想过。我们总是忘记想到心灵结构：我们达成默契，“心灵”不过就是我们赖以生存的理性意识。我们彻底忘记了这点，人民的心理也呈现为赤裸的“共同－认知”[5]，只是不够内行、欠发达而已。

这是个难以回避的可怕错误。斯拉夫派试图开导我们，但他们的声音在旷野回荡。我们这些缺少灵魂的人不能明白，人民的心灵根本不是一块可以随意写上高深文字的白板。斯拉夫派徒然强调民族精神的独特性，阻碍了我们将知识传给人民；他们徒然声称，我们的人民不仅是婴孩，还是老人。就知识而言人民是婴孩，就生活经验和在此基础上建立的世界观而言人民又是老人，就其本质而言不可能不是坚定思想、宗教信仰与天然喜好的综合体，而首先是思想和宗教信仰，也就是说，一旦形成就决定其思维方式和行动准则。知识分子甚至没有与之辩论，这对他来说是野蛮的。俄国知识分子竭尽全力对人民进行启蒙，给他们发行上千上万本科普读物，给人民创立了图书馆和阅览室，为人民出版便宜的杂志，——这一切都是欠缺思考的，因为他们不注意让这些材料与他们的观念相适应，对个别知识的解释也没有与核心信念结合起来，因为他们不仅不知道，也想不到他自身或者其他人会有这种信念。所有那些充满爱意关注人民的人——他们也是各种人都有，如谢·拉钦斯基[6]和格列勃·乌斯宾斯基——都使人相信，人民寻求的都是两类特别实际的知识：最基础的、技术性的，如识文认字；还有高端的、形而上的、解释生活意义并给人以生活力量的。后一种知识我们根本没有给人民，我们都没有为自己而教导他们。但我们花了大量精力向人民灌输我们那抽象的、缺少道德内容的知识，这些知识同时富有一定的理性精神。人民无法接受这种知识，因为会受到他原有世界观的抵触。毫不奇怪，知识分子的所有辛苦都白费了。基列耶夫斯基[7]说："用文学观念取代人民的基本信念，就像用抽象思想改变一个发达的有机体的骨骼一样容易。"

伟大的梦想激励着斯拉夫派[8]。从人民生活有机整体这一事实出发，他们得出结论，国家教育的最高水准应该是民间生活的最自然展现，应该出自民间，如同果实出自种子一样。他们说，在人民群众的模糊感觉与艺术和思想中民族创造力的最高表现之间，应该存在一个自然的序列，将整个人民的生活连接成一个整体。那些历史沉淀下来的、经历过人生苦难的，但由于各种复杂的利益和关系而尚未被意识到的思想，应借助文学的力量在精神发展的阶梯上，从社会底层上升到最高层，从无法解释的欲望上升到充分发达的意识。此时，它已经不仅是睿智的想法了，也不仅是思辨游戏，而是深刻严肃的自我认知。光彩照人的理想！我们比任何一个民族都更远离这一理想。为此需要受过教育与没受过教育的人，虽然思想不同、深浅程度不一，但协调一致，也就是说，受过教育的人的意识能有劳动大众的实质内容，而后者把全部心思都用来思考,以道德和信仰使繁重的生活富有意义。

这一大群与祖国生活相脱节的病态的人——这就是俄国知识分子。无论是从内心品质还是从外在社会地位来说，他都无力战胜专制体制：他注定要走向失败。他不能靠自己的力量得胜的原因不在于知识分子人数少，而是其内心力量的特点所致，他的双重人格致使他虚弱无力，即使有公众利益的诱惑，人民也不会支持他，因为对知识分子不自觉的憎恨抑制住了人民对利益的追求：这是人心理的普遍规律。只要我们内心不健全，我们就不会得到自由，因为只有全民合作之强大的双手才能获取自由和巩固自由，而坚强的个性和与人们协同一致——这是自由的条件——只能在个体内心以正确的方式达到。

在西方，人民对待富有和受过教育之人的态度和我们这里迥然有别。那里的人民也痛恨财主老爷，也不理解他们说的那一套，但那里的不理解和憎恨都是基于可以理解的内心感受。在那里，人民憎恨老爷是因为他们不劳而获，靠人民几代积累的财富过着富裕奢侈的生活，却让人民过着无望的奴隶般的生活，老爷们拥有保证他们剥削人民的知识。这是奴隶对主人的愤恨，是饥饿之人对饱腹者的嫉妒。从另一方面讲，主人的知识无论就规模还是其抽象程度，都迥别于人民大众：因此就产生了不理解。但那里没有我们这里所有的形而上分别，至少也是没有达到我们这里的程度，因为普通人和老爷的精神结构没有本质的区别；部分在于千百年来老爷的知识已经多少植入百姓心中，部分在于知识分子自己的意识和生活没有这么大的分离。西方资产阶级的道德观念无疑比不上俄国知识分子，但他们的道德观念也没有远远超出其情感结构，主要的是，他们的内心生活相对比较完整和谐。因此在西方，人民与主人的争讼可以得到和平解决：那里的斗争是在实际利益和情感范围内展开的，而后自然地形成思想表达，一旦这一表达形成，个人意识就成了斗争的主要战场。的确，西方的社会主义思想现在起着重要作用。它们在逐渐将机械冲突转成化学过程，一方面团结工人大众，另一方面慢慢瓦解资产阶级的意识形态，也就是说，在唤起一些人正义感的同时，剥夺另一些人的正义感。

我们和我们人民之间是另一种分别。对人民而言，我们不是其富农兄弟那样的掠夺者；我们对人民而言，甚至不是土耳其人或法国人那样纯粹的外人。人民在我们身上看到人的面孔，正是俄罗斯人的面孔，但却感受不到我们的灵魂，因此人民对我们极其仇恨，很可能是出于无意识的神秘恐惧，因为我们是自己人，就更加憎恨了。照我们这样，我们不仅不能幻想与人民联合，而且应该害怕他们，远胜过害怕当权者的酷刑，因为多亏了当权者，他们的刺刀和监狱保护我们免于人民的狂怒。

五

革命前我们就是这样，现在也是这个样子。但俄国知识分子内心深处的撕扯早在革命前就开始了。

个体内在的堕落是如此违反自然，没有意识的指导，理智受到抽象的道德思想无休止的刺激而疲惫不堪，以至于人无法再是健全的人。从 19 世纪 80 年代后期开始俄国知识分子就很不自在，就像契诃夫所观察到的，在一连串各类知识分子中很难找到五六个正常人。俄国知识分子十有八九都患有神经衰弱症，我们中间几乎没有健全的人，都急躁阴郁，忧愁不安，被某种莫名的不满所扭曲；都对生活不满，要么气急败坏，要么忧心忡忡。对我们来说，职业与人的天性相吻合，从而使工作富有成效、让人心满意足，这种情况是不可能的，因为那只有当个性反映在意识中时才有可能。人们一面站在最神圣的地方，诅咒每个自己讨厌的地方，一面并不情愿地应付工作。我们脾气暴躁，并彼此感染这种毛病，以至于周围的氛围都被我们的神经衰弱所充斥。我们中间那些长期住在国外、有新鲜思想的人，一旦落到我们的环境中，先要窒息一段时间。

这种状况愈演愈烈，直到90年代末。在俄国知识分子中具有绝对权威的社会舆论断言，生活中所有艰难都是政治原因造成的：一旦政治制度垮台，马上就会到处都充满自由、健康和活力。没有人怀疑当今社会的疾病，都盲目持有这种信念，完全推卸掉个人的罪责。这是将一切希望寄托于革命、视之为一劳永逸之千禧年的原因之一。政治制度的改变在其直接结果之外，还要在事后为知识分子的过去辩护，使其痛苦的存在有意义，同时更新成为其负荷的个体自我。知识分子窒息了，并且认为，他是因为被束缚才窒息的。这是一种残酷的自我欺骗。革命的确能给予人民过健康生活的一切：自主自由和权力保障。但政治自由给予我们知识分子什么呢？解放只是去除羁绊，仅此而已；从被内心疾病折磨的人身上解下镣铐，并不意味着给予他健康。对我们而言，自由的意义只是将我们置于对恢复健康更加有益的环境中。

因此我认为，革命的失败带给俄国知识分子的益处，几乎和成功是一样的。这可怕的打击让知识分子内心深处受到震撼。当社会舆论还在讨论谁之罪的问题，当党派还在唾沫飞溅地相互指责时，他们背后发生了始料不及的事：听众已经四散而去，留下争论的人自己在那里争论。知识分子不是头脑里，而是全身心地明白了，失败的原因不是纲领或策略问题，而是其他的什么。此前很少想到这些原因。不仅是物质层面的失败，是力量的失衡或者策划的错误，甚至精神层面的失败从来没有这么尖锐地被感受到的：结果是，没有出现全社会被医治的情况，也就是说，每个人都还要继续忍受自己的病态，这种情况还不知要持续多久；于是纯粹个人的恐惧被推向前台，几乎是为维护个人生存而产生的惊恐。如果人们至今还能在社会舆论的催眠下，忍受自己的生活，寄希望于政治上的灵丹妙药，那么现在，当希望发生了改变，至少在短期内是这样，继续等待就变得可以忍受了。政论家们徒然地奔走呼吁，说这是暂时的延迟，说社会一定会得到痊愈。知识分子则像吓坏的羊群一样四散而逃。对个体病态的感知是如此强烈，以至于思想都发昏了。革命后知识分子的分化是个体心理的反应，而不是社会意识的转折。知识分子多年来赖以生存的社会舆论之幻觉突然消失了，个体的人意外地获得了自由。

六

后代人将会对我们正在经历的历史时刻做出评价，但今天不得不以自己的人生实现这个时刻的人却在劫难逃。俄国知识分子承受了极大的惊恐。表面上看，他们还聚在过去的旗帜下，但昔日的信仰已经不再了。知识分子对政治问题和社会建设问题表现出的漠不关心让狂热的社会分子惊讶不已。反动势力胜利了，极刑没有停止，——全社会一派死寂的沉默，政治书籍由于没有人买而从市场上彻底消失，没有人再谈合作问题。但在政治之外，俄国知识分子的思想却并不安分，狂热并贪婪地扑向新事物。简直认不出昨天还顽固不化的极端分子了：在现代派诗歌面前敞开大门，不仅容忍基督教传教，而且表现出明显的同情，对性别问题的探讨持久地吸引公众的兴趣。这些探讨没有一个旨在开启新的寻求，但却有着社会认同的意义。

俄国知识分子的危机刚刚开始。可以事先说明的是，这不是集体精神的危机，而是个体意识的危机；不是社会全体转向别处，像过去很多次发生的那样，而是个体开始独自引导社会方向。知识分子内心发生的转变在于，政治的肆虐结束了。此前得到普遍承认的唯一美好的生活之路是——为人民而生活，为社会而生活；的确有个别人走这条路，而其他人则没有，但也没有走别的路,因为其他道路都被认为不值得走;对大多数人而言，这种服务于社会的假设最好的情况不过是自我欺骗，而最差的情况则是精神的迷失，不论如何都是为自我精神彻底停滞所做的辩解。现在社会舆论的强制性垄断被推翻了。它曾经让人感觉非常便利，这点毋庸置疑。严酷的社会舆论在年轻人踏入生活门槛时遇到他，并马上为他指出高尚而又简单明确的目标。生活的意义早就被确定为无个体差别的共同意义。当它被所有人都认为是先进的思想并被无数牺牲赋予神圣之光时，它的可靠性还能被怀疑吗？殉道者的英雄壮举使人对这种信仰从心理上无法怀疑。只有精神强大的人能拒绝这种普遍信念和苦修构成的迷惑。托尔斯泰坚守住了，陀思妥耶夫斯基坚守住了，一般人则即使不信，也不敢承认。

这样，年轻人不用自己冒险确定生活的理想目标：他发现这已经是现成的。这对于芸芸众生来说是第一大便利。另一个便利之处是从个体的人身上解除了各种道德义务。政治信念如同其他信仰一样，要求人舍身忘我；但也如同所有宗教都重复的故事一样：因为能够舍身忘我的人是少数，而不能舍己却又想与信仰结合的大众，为自己准备了柏拉图式的忏悔，不要求任何义务，——神职人员和信徒达成默契，使这种欺骗合法化，哪怕是表面上把俗人留在教会。在我们的政治激进主义中，普通信徒就是广大知识分子：只要承认自己是教会忠实的儿子并时不时地参加教会礼仪，就既能麻痹良心，又能得到社会的认可。而这种信仰就是，漫无边际地相信宿命论，这是真正的穆罕默德主义。专制承担了个人和社会生活肮脏混乱的全部罪责，个人则被认为是没有责任的。这是一种很便利的信仰，完全符合人类天性中不可根除的恶习——懒于思考和精神怠惰。

现在出现的是另一个充满艰难的时代。年轻人已经没有现成的理想在他跨入生活门槛时等着他，他必须自己确定人生的意义和生活的方向。每个人都要为自己做出和没有做出的一切决定负责。全民热衷政治的现象还会重蹈覆辙，个人心中对政治的迷恋依旧不会减弱。哪里的生活被政治扭曲，哪里的思想和话语受到压抑,哪里有成千上万的人死于贫困和无知,——在那里，不关心政治就有违自然且不人道。生活不会单一直线式地进行。当痛苦、羞耻和愤怒再次达到白热化程度时，或者当外部条件成熟时，就会重新爆发争取自由的斗争，旧的信念就会重新点燃人的热情。但每次热情燃烧之后，社会上出现的又是意志消沉，只有老一代俄国知识分子至死都忠心地将政治视为唯一的拯救。公民激情对年轻人的肆虐将长久有效，直到深沉的个性构想出社会理想的新形式为止。无论是在家里，还是在熟人中，或者同学之间，都将听不到确定无疑的东西。我们的父辈和我们是在一神教环境中长大的，是在皮萨列夫和米哈伊拉夫斯基的影响下成长的。而现今的年轻人找不到现成的普遍接受的教条；他将遇到的是各式各样的观点、信仰和取向，这些只有经过他的选择才能成为他的生活导向，但不会使他丧失自由。他必须自己做出选择，不是为了某个外在的目标，而是单单考虑自己的精神需求和内心倾向，相应地，他会将一切引向对自我的意识，引向对自己与世界关系的思考，世界在他脚下是敞开的，不是像我们当初那样，社会舆论不许我们迷恋费特，即使不是充满恐惧，至少也是冷嘲热讽。然后，等他长大成人，他将以自己独立的人格为自己的每一步负责，什么也不能夺走他自由意识的责任，一生中一次都不会有。我深信，俄国知识分子的精神能量将暂时转向内部，转向个体，但同样坚信，只有被更新的个体才能改造我们的社会生活，并且一定会完成这个事业(这也是他个人事业的一部分)，而且是轻松地完成，没有以往那些折磨人的付出和牺牲，那些对社会的益处微乎其微。

俄国知识分子在过去的历史中所承受的不仅是精神贫乏和神经崩溃，还有正面的遗产。社会舆论的肆虐使个体变成残疾，同时也使其经历严酷的考验。具有重大意义的是，许多代人都生活在一种法则的权威之下，这种法则认为服务于社会公共福祉是唯一有价值的生活，也就是为某种高于个体的价值而生活。即便是实际上大多数人对这种神圣理想并不满意，但接受这种信念本身已经具有了改造内心的力量。人们到处都一样，追求个人成功，日复一日地追求更多利益，这实际上践踏了任何理想主义；但人们仿佛是眯缝着眼睛做这一切，暗中意识到自己的无耻。因此，不论务实和利己风气如何在我们中间肆意蔓延，特别是在知识分子高层中间，这种自私自利从没有在理论上被神圣化。这是俄国知识分子与西方知识分子的本质区别，在那里，考虑个人利益被认为是天经地义的，是公众普遍接受的准则。我们这里则将之视为厚颜无耻，在必要时可以忍受，但没有人想到给予原则性的辩护。

这种根深蒂固的理想主义意识，这种需要为个人生活提供超个人理由的习惯，呈现为一种最大价值，这是社会舆论之宗教留给我们的遗产。这也和所有其他事物一样，需要有分寸。对各种利己行为的疯狂蔑视，无论是个人层面的还是国家层面的，都是俄国知识分子信念的主要教条之一，带给我们不可估量的危害。利己行为、肯定自我——是一种强大的力量，正是它使得西方资产阶级成为在尘世中捍卫上帝事业之强大的无意识工具。毫无疑问，目前开始的关注个体的趋势将根除这种有害的片面性。甚至可以担心出现相反的情况，担心它在最初阶段会放任利己主义，担心对长期被鄙视的物质利益的关注会吞噬个体。但对于俄国知识分子而言，这种担心是多余的。他们太习惯于将理想社会的福祉看成个人生活的意义，积累了太多正确的道德观念，以至于不会受到小市民式自我满足的威胁。人即使会意识到这个目标是错误的，这条道路也不正确，也还是会执着于理想的目标。他在自身可以找到高于个体利益的价值，找到另一种将利他主义道德和社会关怀融于其中的道德标准，——其中没有“我”和“我们”的分裂，所有客观的福祉都将成为他个人的需求。

写这些文字的目的不是要推翻旧的诫命，也不是给出新的诫命。我所说的运动已经开始了——它指向个人的创造性自我意识，我只是见证这个过程。它迟早都要开始，因为这是人被长期压抑之精神的天然需求。的确如此，正是由于这种天然的需求，这种运动不会停止，必将发展壮大，涵纳周围一切事物：可以说，它拥有强大的内在力量，如同控制人的权力一样。但任何一种社会运动都被从两方面接受：就社会整体而言，它是集体精神的自发过程；对个体的人而言，它是自由精神的事业，个体意识在其中扮演重要角色。因此我们需要不断向人们解释社会危机的意义，好使个体意识不至由于惰性或无知而停滞不前，也不至阻挠彼此的发展。

译注

1 卷羽醍醐，是一种内陆淡水湿地的鸟，觅食时张嘴，以囊袋捞入大量水，滤去水后吞食其中的鱼，囊袋内会储存很多来不及消化的鱼。

2 克伦威尔的“圣徒们”：指英国资产阶级革命期间，克伦威尔于 1653 年 7 月解散议会后成立的新议会，他们的改革被认为天真而盲目，被讽刺地称为“圣徒们”。

3 1831 年青年意大利党成立，以“上帝与人民”为信条。

4 格列勃·乌斯宾斯基 (Глеб Иванович Успенский, 1843—1902)：俄国作家，民粹派代表人物，“到民间去”运动的发起人之一。

5 原文“co-знание”就是由前缀“共同”和“知识，认知”组成，如果将两部分组合在一起，“сознание”就是“意识”的意思。

6 谢·拉钦斯基（Сергей Александрович Рачинский,1833—1902）：俄国教育家，彼得堡皇家科学院通讯院士，关注农民教育问题。

7 基列耶夫斯基（Иван Киреевский, 1806—1856）：俄国宗教哲学家，斯拉夫派理论奠基人。

8 俄国 19 世纪 30—40 年代形成的文化派别，强调俄罗斯民族的独特性和东正教在民族生活中的重要性，反对走社会政治发展道路的西欧派观点。其代表人物有基列耶夫斯基、霍米亚科夫等。

维护法律

——知识分子与法律意识

博·亚·基斯嘉科夫斯基／著

徐凤林／译

法律不可能与科学真理、道德圆满、宗教圣物这样的精神价值相提并论。法律的意义是较为相对的，法律的内容部分是由变化不定的经济或社会条件所创造的。法律的相对意义给某些理论家低估法律的价值提供了口实。一些人把法律仅仅看作是伦理的底线，另一些人认为，强制，即暴力，是法律不可分割的要素。既然如此，那么，就没有理由指责俄国知识分子对法律的忽略。他们追求更高的绝对理想，有可能在自己的道路上忽视这一次要价值。

但精神文化不仅仅是由价值内容构成。精神文化相当大的一部分是由理智和意志活动的重要形式属性构成的。在全部形式价值中，法律作为发展最完善的、几乎可以具体触摸到的形式，发挥着最重要的作用。法律比逻辑和方法论，或对意志的系统训练更加使人遵守纪律。主要的是，后面这些规范制度具有个人特点，相反，法律则主要是一种社会制度，并且是唯一使人遵守社会纪律的制度。社会纪律只有用法律才能建立：守纪律的社会和具有发达法制的社会——是同义词。

从这一观点看，法律的内涵也可以有另一种解说。法律主要的和最根本的内涵是自由。当然，这是外在的、相对的、受社会环境制约的自由。但内在的、更加绝对的、精神的自由，只有在有外在自由的情况下才是可能的，外在自由是内在自由最好的训练班。

如果所指的是法律所具有的使人全面守纪律的含义，并认清这一含义在俄国知识分子精神发展中起了什么作用，那么，我们得到的结果将是非常不令人宽慰的。俄国知识分子是由一些无论在个人方面还是在社会方面都不守纪律的人构成的。这是与下列状况相关的，即俄国知识分子从来不尊重法律，从来不认为法律有价值；在他们那里，法律是全部文化价值中最不受重视的。在这样的条件下，在俄国知识分子身上不可能形成牢固的法律意识，相反，法律意识在他们那里处于非常低级的发展水平。

一

俄国知识分子的法律意识本可能由于文献中对法律思想的深入研究而得到发展。这种研究同时也应该是俄国法律意识的标志。意识的紧张活动、思想在某一方面的不懈劳作，总是能够在文献中得到表现。我们应当首先在文献中寻找俄国法律意识状况的证明。但是，我们在此遇到了这样一个令人震惊的事实：在俄国“丰富的”文献中，从前竟没有一篇具有社会意义的论文和一部专题著作。当然，法学的学术研究在我们国家是有的，但它们历来都只是专家的所有物。我们感兴趣的不是这些专门的法学研究，而是具有社会意义的文献；但在文献中完全没有能够唤醒俄国知识分子法律意识的东西。可以说，在俄国知识分子的思想发展中，从其在文献中的反映来看，没有一点法律思想的参加。现在在构成俄国知识分子世界观的思想总和中，法律思想不起任何作用。文献正是俄国社会意识中的这一空白的见证。

在这方面，俄国的发展与其他文明民族的发展相比何其不同啊！我们看到，在英国的相应时代，一方面，有霍布斯的《论公民》和论国家的《利维坦》，以及费尔默的《论族长制》等论文；另一方面，有弥尔顿捍卫言论和出版自由的著作，李尔本（Лильборн）的小册子，“平等派”的法律思想。英国历史上最动荡的时代也产生了法律思想上的最极端对立。但这些思想没有彼此消灭，而是在当时创造了相对可以接受的妥协，这一妥协在洛克的著作《政府论》中得到了自己的著述表达。

在法国人那里，18 世纪有教养的法国人的思想内容，远非仅由自然科学发现和自然哲学体系决定的。相反，在这一启蒙时代的法国人的头脑中占统治地位的全部思想总和，其大部分无疑是从孟德斯鸠的《论法的精神》和卢梭的《社会契约论》中借用的。这些是纯粹的法律思想；甚至社会契约思想（这一思想在 19 世纪中期被有些人在定义社会组织起源的意义上进行了错误解释），也主要是这样一种法律思想，它为调节社会关系设立了最高规范。

法律思想在德国精神发展中同样发挥了重要作用。在德国，到18世纪末，依靠阿尔图修斯(Althusius)、普芬多夫（Pufendorf）、托马修斯（Thomasius）和克里斯蒂安·沃尔夫（Christian von Wolf），已经建立了几百年的牢固传统。最后，在前宪法时代（同时也是德国精神文化最繁荣的时代），法律已经被认为是德国精神文化不可分割的组成部分。我们只需回想一下，德国古典哲学的三大代表人物——康德、费希特和黑格尔，都在自己的体系中赋予了法哲学以非常显著的地位。在黑格尔体系中，法哲学占据了完全特殊的地位，因此，他在讲完逻辑学或本体论之后，就马上急于讲述法哲学，而历史哲学、艺术哲学、甚至宗教哲学都成为他未能完成的，这些部分只是在他去世以后才根据听者的笔记整理出版。大多数其他德国哲学家如赫尔巴特（Herbart）、克劳泽（Krause）、弗雷斯（Fries）等人，也推进了法哲学。《法哲学》在19世纪上半期的德国无疑是最常见的哲学书籍。此外，早在19世纪第二个十年，就产生了两位法学家——蒂堡（Thibaut）与萨维尼（Savigny）——“关于我们时代对立法与法学的使命”的著名论战。这一纯粹法学论战具有深刻意义；它引起了整个德国文化界的兴趣，更加强烈地促进了德国法律意识的觉醒。如果说这场论战标志着自然法思想的最终衰落，那么，它也同时带来了一个法学新学派——历史学派的胜利。从这一学派中产生了像普赫塔（Puchta）的《习惯法》这样的杰出著作。与历史学派紧密结合的还有一批日耳曼学家的新法学学派的发展，这些日耳曼学家制定和维护日耳曼法律制度，与罗马法相抗衡。这一学派的后继者之一贝泽勒（Beseler）在自己的杰出著作《民众法与法学家法》一书中，比普赫塔在《习惯法》中更加突出了民众法律意识的意义。

在俄国知识分子发展中则无法找到一点类似的东西。在我们这里，尽管所有大学都设立了法律系；其中某些法律系还存在了百年以上；我们还有 5 个专门的法律高等学校。这一切使整个俄国共有大约 150 个法学教研室。但是，这些教研室的任何一个代表人物都不仅没有出版过著作，而且甚至没有发表过一篇具有广泛社会意义和影响俄国知识分子法律意识的法学论文。在俄国法学文献中甚至找不到任何一篇像耶林（Ihering）的《为权利而斗争》那样的短文，它首次提出了某种尽管不够深刻、却毕竟是可信的和具有战斗性的法律思想。无论是齐切林（Чичерин）还是索洛维约夫，都没有创造出任何在法学领域中有分量的东西。他们所给出的好东西，几乎都是无成果的：他们对俄国知识分子的影响微乎其微；正是他们的法律思想在俄国知识分子中毫无反响。最近俄国有人提出复活自然法思想和直观法思想。谈论这些思想对俄国社会发展的意义还为时尚早。但至今没有任何根据假定它们具有广泛社会意义。的确，这些思想哪里有这样的外表和明确的公式，它们能够给思想赋予灵活性，并帮助思想传播？哪里有一部能够通过这些思想唤醒俄国知识分子法律意识的著作？哪里有俄国的《论法的精神》？哪里有俄国的《社会契约论》？

可能有人对我们说，俄国人民进入历史道路的时间过晚，我们没有必要独立制定自由、人权、法制、宪政思想，这些思想早已被提出、详细发展和体现出来，因此我们只需要对此加以借鉴即可。即便真的如此，那么，我们也还是应当经历这些思想。借鉴是不够的，应当在生命的一定时刻透彻理解它们；某一思想无论有多旧，它对于初次经历者来说总是新的；它在人的意识中进行创造性的工作，与人的其他要素融为一体；它激发人的积极性和行动意愿；然而，俄国知识分子的法律意识从来没有完全理解个人自由和法制国家思想；这些思想没有被俄国知识分子所完全经历。但实际上也并非如此。没有对所有民族和时代都相同的个人自由、法制和宪政思想，正如没有在所有国家都一模一样的资本主义或经济社会组织一样。全部法律思想在每一个单独民族的意识中都具有自己的特色和细微差别。

二

俄国知识分子法律意识的迟钝和对法律思想的毫无兴趣，是这样一种根深蒂固之恶的结果——这就是在俄国人民的日常生活中没有任何法律秩序。对此，赫尔岑早在19世纪50年代初就写道：“自古就压制在人民头上的法律无保障，对人民来说就像是某种学校。一半法律的显著不公教会了人民对另一半法律的憎恨；人民把法律当作强力来服从。在法庭面前的完全不平等扼杀了他们对守法的一切尊重。一个俄国人，不论他有什么身份，只要在不会得到惩罚的地方，他就会处处躲避或违背法律，政府的行为也完全如此。”但是，赫尔岑在对俄国法律的无序做了这一令人担忧的描述之后，他作为一个真正的俄国知识分子，又补充道：“这种状况现在来看是沉重的和可悲的，但这对未来却是一个巨大的优越性。因为这表明，在俄国，在有形的国家背后存在的不是国家的理想，不是无形的国家，不是对事物现有秩序的颂扬。”

这样，赫尔岑认为，在俄国社会生活的这一根本缺陷中包含着一定的优越性。这一思想不属于他个人，而属于19世纪40年代的整个一批人，主要是斯拉夫派小组。他们把俄国社会生活的外部法律形式的弱点、甚至完全不存在外部法律秩序看作是积极方面，而不是消极方面。例如，康斯坦丁·阿克萨科夫（Константин Аксаков）确认，当“西方人类”走“外部正义之路，国家之路”的时候，俄国人民则走上了“内在正义”之路。因此，俄国人民与国家之间的关系，特别是在彼得大帝之前的俄国，是建立在相互信任和双方互利的真诚愿望基础上的。“但是，”他设想，“有人会对我们说：人民或者政权会彼此背叛的，需要监督！”——他对此回答说：“不需要监督！监督是恶，哪里需要监督，哪里就没有善；没有善的生活即便毁灭，也胜于依靠恶来维持。”这种否定法律监督之必要性，甚至认为法律监督是恶的观点，使得幽默诗人鲍·尼·阿尔马佐夫（Б. Н. Алмазов）认为下面一首诗出自康·谢·阿克萨科夫之口，这首诗开头写道：

由于本性的缘故，
我们没有被赋予
法律的健全理智，
这一撒旦之子。
俄罗斯性情广阔，
我们的公义理想，
不能挤进
法律原则的狭窄形式，等等

这首诗以几分夸大的形式，但基本上正确地叙述了康·谢·阿克萨科夫和斯拉夫派的观点。

认为忽视法律原则对社会生活的意义仅仅是斯拉夫派所具有的特点，这是错误的。这种忽视在斯拉夫派那里只是表达得更加尖锐，并通过他们的追随者而达到了极端；例如，康・尼・列昂季耶夫（К. Н. Леонтьев）差点没有因为俄国人没有西欧资产阶级的"信守诺言"而称赞俄国人。我们还知道，赫尔岑把俄国没有牢固法制看作是我们的某种优越性。应当认为，不理解法律规范对社会生活的意义，这是全部俄国知识分子的普遍属性……

三

个人自由及其不可侵犯性是牢固法制的基础。仿佛俄国知识分子有足够的理由表现对个人权利的兴趣。我们这里自古就承认，全部社会发展有赖于个人占用怎样的地位。因此，甚至俄国社会思想流派的更替，都具有关于个人的一个公式被另一个公式所取代的特点。我们这里提出了这样一些公式：具有批判思想的个人，有自觉性的个人，全面发达的个人，自我完善的个人，伦理的个人，宗教的个人和革命的个人。也有一些相反的流派，力图把个人淹没在社会利益之中，宣布个人是"可以忽略不计的（quantite negligeable）”，并维护具有聚和性的个人（соборную личность）。最后，近年来尼采主义、施蒂纳主义和无政府主义提出了一些新口号：自足的个人，利己的个人和超个人。很难找到对个人理想所做的更多方面和更丰富的研究了，至少可以说，这一研究是全面的。然而，正是在这里我们将指出一个最大的空白，因为我们的社会意识从来没有提出法权的个人的理想。这个理想的两个方面——受法律和稳定的法制所约束的个人，以及被赋予一切权利和自由运用这些权利的个人——正是俄国知识分子的意识所没有的。

一系列事实使这一问题成为毫无可疑的。俄国知识分子的精神领袖们不止一次地要么完全忽视个人的法权利益，要么表达对此的直接敌视。例如，俄国最杰出的法学思想家之一康·德·卡维林（К. Д. Кавелин）对关于一般个人的问题予以了许多关注，他在自己发表于1847年《现代人》杂志上的论文《对古罗斯法律生活习惯的观点》中第一次指出，在俄国法制史上，个人受家庭、公社和国家的挤压，个人没有得到自己的法律定义；后来，从19世纪60年代末开始，他之所以研究心理学和伦理学问题，正是因为，他希望在对个人和社会的相互关系的理论阐明中找到正确解决困扰俄国的全部社会问题的方法。然而，这并未妨碍他在60年代初的关键时刻，在第一次提出如何完成亚历山大二世改革问题时，表现出对保障个人权利问题的极度漠视。1862年，他在柏林匿名出版的小册子中，特别是在与赫尔岑的通信中，无情地批判了当时俄国贵族会议提出的宪法草案；他认为，人民代表制在俄国将从贵族中建立，因此将带来贵族统治。他在为了自己的民主意向而拒绝宪政国家的时候，却忽视了宪政国家的法律意义。按照卡维林在这封信中的说法，对他来说，仿佛不存在这样一种从我们观点看是无可争议的真理，即个人自由和不可侵犯性只有在宪政国家才能实现，因为那时，为争取个人权利而斗争的思想对他来说是格格不入的。

19世纪70年代，在俄国知识分子中，这种对个人权利的漠视（有时变成敌视）不仅有所加强，而且获得了一定的理论证明。这一时代的最典型代表无疑是尼·康·米哈伊洛夫斯基，他为自己和为自己一代人对我们感兴趣的问题做出了在明确性和准确性方面都堪称经典的回答。他直接提出，“自由——是伟大而诱人的东西，但如果自由像在欧洲那样只是增加我们对人民的长期债务，那么，我们就不要自由”。他还补充说：“我确知，我表达了我们时代最隐秘最诚挚的思想之一；这一思想给70年代赋予了独特面貌，70年代为这一思想遭受了无数可怕的牺牲。”[①]

在这些话语中，对法制的否定被提升到了得到完全明确论证的和发达的体系。米哈伊洛夫斯基这样来证明这一体系：“作为对自由原则持怀疑态度的人，我们愿意不为自己强求任何权利，不仅是不强求特权（关于这一点没什么可说的），而且是不强求很久以前被称作自然权利的那些基本条款。我们完全赞同满足于法律意义上的以蝗虫野蜂蜜勉强充饥和自己忍受一切苦难。当然，这种弃绝可以说是柏拉图主义的，因为除了蝗虫和野蜂蜜，任何人也并未给我们提供任何东西，但我说的是一种意向，这种意向正是如此，甚至达到不大可信的境地，历史将有一天会告诉我们。比如说，这种意向的极端表现可以大致如此表达——‘就让他们抽打吧，反正抽打的是庄稼汉’（"Пусть

① 参见《米哈伊洛夫斯基文集》第四卷（ Сочинения Н.К. Михайловского. Т. IV, стр. 949）。

секут, мужика секут же"）。 这一切都是为了一种可能性，一种我们用全部心血去争取的可能性；这就是有可能直接过渡到更好的、更高级的制度，越过欧洲发展的中间阶段，资产阶级国家的阶段。我们相信，俄国能够为自己开辟新的、不同于欧洲的历史道路，并且，对我们同样重要的，并不是使这条道路成为某种具有民族特性的道路，而是使这条道路成为一条好的道路，而我们认为好的道路是使民族特性适合于人民利益的道路。”①

这里表达了民粹主义世界观的基本原则，因为这一世界观涉及法律问题。米哈伊洛夫斯基及其一代人由于俄国有可能直接过渡到社会主义制度而否定政治自由和宪政国家。但整个这一社会学学说都是以完全

① 同上，第 952 页。——第二版注释。上述引文所源自的文章写于 1880 年。此时，民粹主义世界观已失去了当年的整体性，因为在此两年多之前从民粹主义运动内部产生了为争取政治自由而斗争的“民意党”。米哈伊洛夫斯基同情这一斗争，他在自己的文章中已同这样一些斯拉夫派展开论战，这些斯拉夫派和从前一样证明保障的不必要性；米哈伊洛夫斯基说否定政治自由的必要性，是把这作为全部民粹派知识分子的先前实际情况来说的。

不理解宪政国家的本质为根据的。正如卡维林因为当时俄国的人民代表权仿佛是贵族代表权而反对宪法草案一样，米哈伊洛夫斯基把宪政国家作为资产阶级国家来拒绝。由于俄国知识分子所固有的法制意识薄弱，他们二人都只注意到了宪政国家的社会本质，而没有看到宪政国家的法制性质，尽管宪政国家的本质正在于，它首先是法制国家。而宪政国家的法制性质在对个人、个人的不可侵犯性和自由的保护中得到最鲜明的表现。

四

从法律规范的内容对法律有三个定义：法律是确定和限制自由的规范（自然法学派和德国唯心主义哲学家）；法律是对利益加以划界的规范（耶林）；法律是在不同利益之间创造妥协的规范［阿道夫·默克尔（Adolf Merkel）］——在这三个定义中，最后一个定义从社会学观点特别值得关注。任何一部具有一定重要性的新设法律，在现代宪政国家都是不同党派所制定的妥协，这些党派表达以它们为代表的各社会阶级或集团的要求。现代国家本身是建立在妥协基础上的，每一个单独国家的宪法都是一种妥协，它使该国最有影响力的各大社会集团的不同要求达到和解。因此，从经济观点看，现代国家最常见的是资产阶级占优势的国家，但也可能是贵族占优势的国家，例如，英国在1832年选举改革之前就是贵族占统治地位的宪政国家，而普鲁士尽管有60年宪政历史，至今仍然是贵族占优势的国家，而不是资产阶级占优势的国家。但是，宪政国家也可能是工人和农民占优势，我们看到新西兰和挪威就是这样的例子。最后，现代国家在某些情况下也可能没有明确的阶级色彩，这些情况就是各阶级之间构成平衡，任何一个现有阶级都没有取得绝对优势。但是，如果说现代宪政国家甚至往往是以社会组织方面的妥协为基础的，那么，它就更是以政治和法律组织方面的妥协为基础的。这使得社会主义者（尽管他们在原则上否定作为资产阶级国家的宪政国家）比较容易与宪政国家和睦相处，参与议会活动，利用宪政国家作为手段。因此，当卡维林和米哈伊洛夫斯基设想，宪政国家在俄国要么是贵族国家，要么是资产阶级国家的时候，他们都是正确的；

但是，当他们由此得出，必须毫不妥协地敌视宪政国家，甚至不能容许它作为妥协而存在的时候，他们就是错误的了；全世界的社会主义者都在走向与宪政国家的妥协。

然而最为重要的是，如上所述，卡维林、米哈伊洛夫斯基和追随他们的俄国知识分子，完全忽略了宪政国家的法制本质。如果我们把自己的注意力集中于宪政国家的法律组织，那么，我们为了弄清宪政国家的本质，就应当诉诸纯粹的法律概念，也就是法律的真正内涵，这一内涵不是从经济关系和社会关系中借用的。这样，仅仅指出法律是对各种利益的划界或法律是在各种利益之间制造妥协，是不够的，而应当直接坚持这样的观点，即法律只存在于有个人自由的地方。在这个意义上，法律制度是这样一些关系体系，在这些关系之下，该社会的全部个人都拥有活动和自我决定的最大自由。但在这个意义上，不应把法律制度与社会主义制度对立起来。相反，如果对法律制度与社会主义制度加以深入理解，就会得出结论，两者是彼此紧密联系的，从法律观点看，社会主义制度只是更加彻底实行的法律制度。另一方面，社会主义制度只有在它的全部机构都完全得到准确的法律表达的时候，才可能实现。

在俄国知识分子的法律意识普遍缺乏的情况下，像卡维林和米哈伊洛夫这样的俄国知识分子领袖，前者不可能试图对民主主义给出法律的表达，后者不可能对社会主义给出法律的表达。他们甚至拒绝捍卫最低限度的法制，卡维林表示反对宪法，而米哈伊洛夫斯基则怀疑政治自由。当然，19 世纪 70 年代末的事件使得先进的民粹派和米哈伊洛夫斯基自己开展了争取政治自由的斗争。但民粹派走向这一斗争不是通过自己思想的发展，而是由于外部状况和历史必要性，当然，这一斗争也不可能最后获得成功。“民意”党人的个人英雄主义无法抵偿整个民粹主义运动乃至全部俄国知识分子的根本上的思想匮乏。80 年代下半期到来的反动是更加黑暗无光和毫无希望的，在没有任何建立正常社会生活的法律基础和保障的情况下，俄国知识分子甚至不能完全清楚地意识到俄国人民的无法制达到了怎样的深度。没有理论公式用来定义这一个无法制的状况。

只是 90 年代初与马克思主义一道涌现出的西方

主义新浪潮，才开始稍许照亮俄国知识分子的法律意识。俄国知识分子开始逐渐掌握这样一些对于欧洲人来说是常识的真理，这些真理在当时像伟大启示一样对俄国知识分子发挥作用。终于，俄国知识分子明白了，一切社会斗争都是政治斗争，政治斗争是社会主义制度的必要前提，宪政国家虽然是资产阶级占统治地位，但它为工人阶级争取自己利益的斗争提供了更广阔的空间，工人阶级需要的首先是个人的不可侵犯性和言论、罢工、集会、结社的自由，争取政治自由的斗争是全部社会主义政党的第一位的和最迫切的任务，等等。可以预料，俄国知识分子最终既会承认个人的绝对价值，也将要求实现个人权利及其不可侵犯性。然而俄国知识分子法律意识的缺乏是不可能如此轻易消除的。他们尽管有马克思主义的阅历，但他们对法律的态度依然如故。关于这点，可以根据大多数俄国知识分子不久前还追随的俄国社会民主工党的主导思想来判断。这方面特别重要的是“俄国社会民主工党”所谓第二次代表大会的记录，这次代表大会是 1903 年 8 月在布鲁塞尔召开的，会议制定了该党的纲领和章程。该党于 1898 年在明斯克召开的第一次代表大会没有留下会议记录；以这次会议名义发表的宣言，不是在会议上制定和确认的，而是彼得·司徒卢威根据该党一位中央委员的请求撰写的。这样，1903年在日内瓦出版的《俄国社会民主工党第二次代表大会记录全文》，是体现组成俄国社会民主工党的部分俄国知识分子的法律和政治思想的最早文献，因此也是特别卓越的文献。在这些记录中，我们看到的是知识分子的观点，而不是确切意义上的“工党”党员的观点，关于这一点，有此次代表大会的参加者、当时俄国社会民主运动的精神领袖之一斯塔罗威尔（即亚·尼·波特列索夫）先生的《论小团体的马克思主义和知识分子的社会民主》一文为证。①

当然，我们在此无法列举所有这样一类情况，即代表大会的个别参加者在辩论过程中表现出惊人的毫无法律感和完全不理解法律公正的意义。指出下述情况就足以说明问题，这就是，该党领导人和思想领袖

① 参见亚·尼·波特列索夫（斯塔罗威尔）的《论俄国知识分子》。[А.Н.Потресов (Старовер), "Этюды о русской интеллигенции", Сборник статей. 2-е изд. О.Н.Поповой. Спб., 1908. Стр. 253 и сл.]

常常维护与法律基本原则相矛盾的观点。例如，普列汉诺夫虽然比任何人都更多地促进了对俄国知识分子的民粹主义幻想的揭露，而且因自己用 25 年时间深入研究社会民主原则而被公正地认为是该党最著名的理论家，但他在代表大会上却宣扬一切民主原则的相对性，其意义相当于否定稳定的法制和宪政国家本身。按照他的观点，“对每一个现实的民主原则，都不应当看它本身的抽象意义，而应当看它与那个可称之为‘民主的基本原则’的原则的关系，也就是与‘人民幸福是最高法律（salus populi suprerna lex）’这句话所表达的原则的关系。翻译成革命者的语言就是，革命成功是最高法律。假如为了革命成功需要暂时限制某一民主原则的作用，那么，在这种限制面前止步就是有罪的。作为我个人看法，我可以说，甚至对普选权原则都应当从我已指出的民主基本原则的观点来看待。这样的情况在假设上是可能发生的，即我们社会民主党人表示反对普选权。某些意大利共和国的资产阶级曾经剥夺了有贵族身份者的政治权利。革命的无产阶级可以限制上层阶级的政治权利，正如上层阶级曾经限制无产阶级的政治权利一样。关于这种措施的适合性，只能从‘革命的利益是最高法律（salus revolutiae suprerna lex）’这一规则来判断。在关于议会的长度问题上，我们也应当持有这一观点。如果在革命热情高涨时人民选出了一个很好的议会——某种‘难寻的议会（chambre introuvable）’，那么，我们就应当力图使它成为长期的议会；但如果选举是不成功的，我们就应当努力解散它，不是经过两年，而是在有可能的情况下，只经过两周”①。

这个发言中所宣布的关于将法律原则统治代之以强权统治的思想，简直就是狰狞可怕的怪物。甚至在那些习惯于只屈从于社会强力的社会民主党代表大会成员的媒体中，这一问题的提法都引起了反对。目击者转述说，在这个发言之后，从一伙“崩得[1]分子”的媒体中发出了这样的喊声：“普列汉诺夫同志不会也被剥夺资产阶级的言论自由和个人不可侵犯性吧？”但这些喊声作为例行发言人之外的声音，没有被纳入会议记录。然而，出于对俄国知识分子的尊重，

① 参见《俄国社会民主工党第二次代表大会记录全文》，日内瓦，1903年（"Полный текст протоколов Второго очередного съезда Р.С.Д.Р.П." Женева 1903. Стр. 169-170.）。

应当指出，有些例行发言者（当然，他们属于代表大会上的少数反对派）也声明反对普列汉诺夫的讲话。会议成员叶果罗夫指出："战争法是一回事，宪法是另一回事。"普列汉诺夫没有注意到，社会民主党人是在宪法情况下提出自己纲领的。另一位代表大会成员霍尔德布拉特认为，普列汉诺夫的讲话是"效仿资产阶级的策略。如果贯彻到底，那么，根据普列汉诺夫的讲话，应当从社会民主党纲领中撤销对普选权的要求"。

无论如何，普列汉诺夫的上述发言无疑不仅标志着俄国知识分子法律意识水平极低，而且标志着他们具有歪曲法律意识的倾向。甚至他们的某些杰出天才领袖都准备为了暂时利益而拒绝必须遵守的法制原则。显然，具有这种水平的法律意识的俄国知识分子，在解放运动时代甚至不能真正实现个人的基本权利——言论和集会自由。在俄国的群众集会上，只有那些讨好大多数人的发言者才享有言论自由；而一切有不同看法的发言者则被叫喊、口哨和"够了"的呼声所淹没，有时甚至被身体的作用所打断。群众集会的组织变成了少数团伙的特权，因此这些集会失去了自己的大部分意义和价值，所以最终很少得到重视。显然，从少数小团伙才具有的组织群众集会和享有集会上的言论自由特权中，不可能产生公开讨论政治问题的真正自由；由此只能产生另外一种特权——对立社会团体有时获准举行集会。

俄国法律意识的贫乏也是因为我们的革命年代在法律方面的毫无成果。在这些年间，俄国知识分子表现出了对立法过程的完全不理解；他们甚至不懂得这样一个基本真理，即旧法律不应当被简单地撤销，因为只有在旧法律被新法律取代的情况下，撤销旧法律才是有效的。相反，对旧法律的简单撤销只能导致这样的结果，即这一旧法律仿佛暂时无效了，但随后还会完全恢复。这一点特别明确地表现在实行未经官方许可的集会自由中。俄国知识分子没有能力为这一自由迅速创造出一定的法律形式。他们甚至想要把没有任何法律形式提升到法律的高度，正如从第一届国家杜马在讨论集会自由“法案”时的特殊辩论中所明确看到的那样。关于这一点，有一位第一届杜马成员、杰出的法学家完全公正地指出，“如果单纯地宣布集会自由，这在实践中会导致公民在一定情况下自己起来反对这种自由的滥用。不论权力执行机构有多么不完善，委托这一机构去维护公民不受这些滥用自由的危害，无论在任何情况下，都比将此留给任私人随意自我判决要更加安全和更加可靠”。按照这位人士的观察，“每当政权拒绝在维护个人生命和自由方面有所作为的时候，那些在理论上赞同不干涉官员的人员本身，在实践上也因政权的不作为而向部长们抱怨和提出质问”。他补充说，“这是直接的前后不一致”，这种不一致性是因为“缺乏法律知识”。[①] 现在我们竟落到这样一种地步：甚至在第三届国家杜马中都没有完全的和对所有人都平等的言论自由，因为在讨论同样一些问题的时候，自由对于执政党和反对党来说是不同的。这一点因下述状况而更加可悲，即人民代表制不论构成如何，都应当至少反映全体人民的法律良知，这是人民道德良知的底线。

---

① 诺夫戈罗采夫:《国家杜马的立法活动》，参见《第一届国家杜马文集》，圣彼得堡，1907 年（П.Новгородцев: "Законодательная деятельность Государственной Думы". См. Сборник статей "Первая Государственная Дума". Спб. 1907. Вып. II, стр.22.）。

五

任何一个民族的法律意识总是反映在它建立组织和制定组织形式的能力中。组织及其形式不可能没有起调节作用的法律规范，因此，组织的产生必然伴随着这些法律规范的制定。俄国人民在总体上并非没有组织才能；无疑，他们甚至向往特别强化的组织类型；他们对公社生活方式的追求、他们的土地公社、集体农庄等，就足以证明这一点。这些组织的结构与生活是由关于合法与不合法的内在意识决定的，这种意识活在人民心里。俄国人民的法律意识更多具有内在性，这造成了关于俄国人民与法律的关系问题的一种错误观点。这种内在性先是给斯拉夫派，然后又给民粹派的以下推测提供了理由，即他们认为俄罗斯民族是与“法律原则”格格不入的，俄罗斯民族只遵循自己的内在意识，只按照道德动机行事。当然，法律规范与道德规范在俄国人民意识中没有被充分划分，处于混乱状态。这可能也是因为俄罗斯民族的习惯法是有缺陷的；这种习惯法失去了统一性，更不具有一切习惯法的基本特征，即同样的运用。

但正是在这方面，俄国知识分子应当去帮助人民，促进习惯法规的彻底划分和这些法规的持续不变的运用，以及这些法规的进一步系统发展。只有到那时，民粹派知识分子才有可能实现他们为自己提出的任务，即巩固和发展公社原则；同时也才有可能把这些公社原则重新建设成为更高级的社会生活形式，即接近于社会主义制度。认为俄国人民的意识只具有道德取向，这种错误的出发观点和假设妨碍了上述任务的完成，导致了俄国知识分子的希望破灭。仅仅以道德为基础不可能建立具体的社会。这种意向是反自然的；它使道德丧失威信和走向毁灭，导致法律意识的彻底钝化。

一切社会组织都需要法律规范，也就是这样一些规则，它们不是用来调节人们的内在品行（这是伦理学的任务），而是用来调节人们的外部行为。但是，法律规范在规定人们的外部行为的时候，它们自身却不是某种外在之物，因为它们首先活在我们的思想里，与道德规范一样，是我们精神的内在因素。只有当法律规范在法律条文中表达出来或运用于生活中的时候，它们才具有了外部存在。然而，俄国知识分子忽视一切内在法（用现在的说法即直觉法），他们认为法律只是这样一些无生命的外部规范，这些规范可以轻易纳入成文法或某些章程的条文和段落。非常有特点的是，俄国知识分子一方面力图仅以道德原则为基础建立复杂的社会制度，另一方面他们又同时在自己的组织中表现出对形式规范和具体章程的异常迷恋；在这种情况下，他们表现出对组织章程的条文和段落的特殊信仰。这种可能显得有些费解和矛盾的现象，其原因正在于，俄国知识分子把法律规范不是看作内在法律信念,而是看作仅仅是获得了外部表达的规则。

在此，我们看到了法律水平低下的最典型表现之一。众所周知，用成文法条文对全部社会关系加以调节和制定细则，这种倾向是警察国家所固有的，这一趋势是警察国家与法制国家相对立的一个特征。可以说，俄国知识分子的法律意识也处于与警察国家的形式相适应的阶段。后者的一切典型特点反映在俄国知识分子对形式主义和官僚主义的爱好中。人们通常把俄国官僚主义与俄国知识分子对立起来，这在一定意义上是正确的。但在这种对立情况下有可能产生一系列问题：知识分子世界与官僚主义世界是格格不入的吗？俄国官僚主义是不是俄国知识分子的后裔？俄国官僚主义是否从俄国知识分子中汲取营养？最后，俄国形成了如此强大的官僚主义，这有没有俄国知识分子的罪过？其实，有一点是毫无疑问的——俄国知识分子群体中完全贯穿着知识分子自己的官僚主义。这种官僚主义表现在俄国知识分子的政治组织中，特别是在其政党中。

我们的各种党组织尚在革命前的时代就已产生了。参加这些组织的人们具有真诚的理想志向，脱离了一切偏见，做出了许多牺牲。这些人仿佛能够在自己的自由组织中实现哪怕是他们所追求的一部分理想。但实际上并非如此，我们看到的只是对俄罗斯国家生活所特有的丑陋秩序的奴性模仿。

我们不妨还举社会民主党这个例子。如上所述，在该党的第二次例行代表大会上已经制定了党的章程。章程对于个别团体来说的意义，相当于宪法对国家的意义。这样或那样的党章仿佛决定了该党是共和制的还是君主制的，它赋予了党的中央机构以贵族性还是民主性，确定了个别成员在全党中的权利。可以认为，由坚信的共和党人组成的党，其章程应该为其成员至少提供最起码的个性自由和法律制度。但是，看来，个性的自我决定和共和制对于俄国知识分子的代表来说，只是些不值得关注的细枝末节；至少，他们没有关注如何使得个性自决和共和制不仅限于在纲领中宣布，而且在日常生活中实现。在社会民主党代表大会上通过的该党章程中，没有实现任何自由的规章。代表大会少数成员的一个团体领袖马尔托夫对这一章程做了如下描述："我与（《火星报》）老编辑部的大多数人一道认为，这次代表大会将结束党内'戒严状态'，在党内建立正常秩序。但实际上，具有对付个别团体的非常法性质的戒严状态继续存在，甚至更加尖锐了。"[①] 但这一描述丝毫没有令多数派领导人列宁窘迫，他坚决主张通过带有戒严状态条款的章程。他说："'党内戒严状态''对付个别分子和独立团体的非常法'这些可怕的字眼，是一点也吓唬不了我的。对那些不坚定的和动摇的分子，我们不仅可以而且必须实行'戒严'，而我们的整个党章、我们现

① 《俄国社会民主工党第二次代表大会记录全文》。(Полн. Текст протоколов Второго очередн. Съезда Р.С.-Д.Р.П., Женева, 1903, стр. 331.)

在已由代表大会批准的整个集中制，正是对政治上模糊不清的许多来源实行‘戒严’。为了对付这种模糊不清，我们正需要有特别的、哪怕是非常的法律，而代表大会所采取的步骤正确地规定了政治方向，给这样的法律和这样的措施打下了牢固的基础。”①既然由共和主义者知识分子组成的党在我们这里都不能避免戒严状态和非常法，那么就可以理解，何以俄国至今还要借助于紧急安全法和军事状态来治理。

为了说明在俄国激进知识分子中占统治地位的法律概念，应当指出，包含“党内戒严状态”条款的章程是以 2 票之差的微弱多数通过的。这样就破坏了下述基本法律原则，即社团的规章应当在特定多数[2]的基础上才能设立。代表大会的多数派领导人甚至在下述情况下都没有走上妥协道路，即大家都已明白，通过包含戒严状态的章程必将导致党内分裂，因此这种状况绝对要求有义务采取妥协。结果，真的产生了“布尔什维克”（多数派）和“孟什维克”（少数派）的分裂。但最为有趣的是，这样通过的、成为分裂之原

① 同上，第 333 页。（中译文引自中文版《列宁全集》第 2 版，第 7 卷，第 290-291 页。——译注）

因的章程，在实践上是完全不适用的。因此，时隔不足两年，1905 年，在只有“布尔什维克”参加的所谓第三次代表大会上（“孟什维克”回避参加这次会议，并宣布反对这次会议的代表选举方式），1903 年章程被废除了，取而代之的是制定了孟什维克也能接受的新党章。然而，这已经不能带来党的团结了。“孟什维克”与“布尔什维克”起初在组织问题上发生了分歧，后来，它们使这种敌对达到了极端，将敌对扩大到全部策略问题上。在此，这样一些心理学定律已经开始发挥作用，这就是：人们之间一旦产生分歧与矛盾，这些分歧与矛盾就会因人们所固有的内在属性而不断加深和扩大。当然，法律义务意识高度发达的人能够克服这些社会心理情绪，不任其发展。但只有这样一些人才能做到这一点，他们十分清楚地意识到，任何组织，乃至全部社会生活，都是建立在妥协基础上的。俄国的知识分子显然没有这种能力，因为他们还没有在公开承认妥协的必要性的基础上培养出自己的法律意识；在俄国，在遵守原则的人们那里，妥协总是具有隐私的性质，并且仅仅建立在个人关系基础上。

相信章程的无限权力和强制规则的力量，这种信仰完全不是俄国社会民主党人所具备的特点。不唯独他们是这样。不具备这一信仰是俄国全部知识分子的缺陷。在俄国的全部党派中，都没有真正现实有效的法律意识。我们本可以从俄国社会民主党之外的其他一些党派的生活中举出许多类似的例子，比如从俄国革命社会主义者的社会主义党中，或者从俄国自由主义组织“解放同盟”中。但遗憾的是，我们无法尽数如此庞大的事实。我们只关注一下俄国各政党所共有的一个最显著的特点。任何地方都没有像俄国这样大谈特谈党的纪律；在俄国的所有政党中，在每一次代表大会上都进行无休止地讨论党规党纪问题。当然，许多人都倾向于对此进行这样一种解释，即公开的组织对俄国来说还是新生事物。这一解释包含一定的真理性，但这不是全部真理和主要真理。这一现象的根本原因在于，俄国知识分子不具有那种使他们内心守纪律的法律信念。我们之所以需要外部纪律，正是因为我们没有内心纪律。这里再次令我们想起，法律在俄国不是法律信念，而是强制性的规则。这再次证明了我们法律意识的低水平。

六

在描述俄国知识分子法律意识的时候，我们已考察了俄国知识分子对待两类基本法律的态度——对待个人法权的态度和对待客观法制的态度。特别是，我们试图确定，这种法律意识是如何反映在解决组织问题、亦即广义的宪法的基本问题之中的。我们以俄国知识分子的组织为例力图说明，俄国知识分子在多大程度上有能力参加国家的法律重建，也就是把国家政权从强权变成法制。但如果我们不关注一下俄国知识分子对司法制度的态度，那么，我们的描述就是不全面的。法庭是法律在其中首先得到确认和建立的机构。在所有民族那里都是如下情形，即在法律规范的定义尚未通过立法途径得到发展之前，这些规范就已通过法院判决的途径被探索，有时是已通过这种方式被创立。把有争议的问题提交给法庭判决的各方，都维护自己的利益。但每一方都以客观法律规范在自己一方为理由，证明“自己的正确”。法官在自己的判决中，对于什么是有效的法律规范给出权威的定义，并以公众法律意识为依据。法官只有在人民的现实的和活跃的法律意识的帮助下，才能高举法律的旗帜和建立新的法律。后来，法庭和法官的这一立法活动一部分被国家的立法活动所掩盖。国家宪法制度的实行导致了体现人民代表制的国家立法机构的建立，这一机构负有直接表达人民法律意识的使命。但是，即便是人民代表制的立法活动，也不能消除法庭对于实现法律在国家中的统治地位所具有的意义。在现代宪法国家中，法庭首先是有效法律的保护者；然后，法庭在运用法律的时候，也继续作为新法律的建立者。正是在最近几十年，法学理论家注意到了法庭的这一作用依然存在，尽管现有的立法体系赋予了成文法以更重要的地位。这种对法庭的观点，从宪法国家的角度来看，是一种新观点。这种新观点也开始进入到现代立法法典中。1907 年 12 月 10 日，由人民代表两议院一致确认的瑞士民法法典用现代语言来表述法庭；该法典第一条规定，在法律规范不存在的情况下，法官可以“假定自己是立法者”而制定规则，再根据这一规则进行判决。这样，在最民主和最先进的欧洲民族，法官被认为也像具有立法者使命的人民代表那样，是人们法律意识的表达者；有时个别法官具有更大的意义，因为在某些情况下他可以独自解决问题，虽然不是最终判决，因为按照审级体系，案件有可能被移交到更高审级。这一切都表明，法律意识发达的民族应当喜爱和珍惜作为自己法律秩序的保护机关的法庭。

但是，俄国知识分子对法庭的态度又是怎样的呢？我们将看到，由亚历山大二世在1864年11月20日制定的司法章程所建立的俄国法庭组织，其基本原则是完全符合法制国家对法庭的要求的。这样组建的法庭对于真正法制的推行是完全适合的。司法改革的活动家们渴望通过新的法庭培养俄国的法制建设。第一批重新组建的法庭在其个人组成方面给人以十分快乐的希望。俄国社会起初对俄国的新法庭也表现出积极的兴趣和爱。但是现在，过了40多年以后，我们应当忧伤地承认，这一切都是幻想，俄国没有好的法庭。的确，有人说司法章程从刚开始实行到现在多处遭到所谓“破坏”，这种说法是完全正确的。“破坏”主要是从两个方面进行的：第一，一系列主要是政治类型的案件被移出了普通审判程序，交给了特殊形式的侦查和审判；第二，法庭的独立性日益缩减，法庭越来越处于依赖地位。政府在这种情况下追求政治目的。值得注意的是，政府善于蛊惑社会，使其注意力朝向这个方向，社会便只关心法庭的政治作用。甚至对有陪审的审判，在我们这里也只有两种观点：要么是政治观点，要么是普遍人道的观点；在最好的情况下，在我们这里也只是把有陪审的审判看作是消极仁爱意义上的良心审判，而不是积极法律意识意义上的良心审判。当然，在对待刑事审判方面，政治观点在俄国社会条件下也许是不可避免的。在这里，争取权利的斗争不可避免地变成了争取这样或那样的政治理想的斗争。

但是，俄国社会对民事法庭的漠视是惊人的。广泛的社会阶层对民事法庭的组织和活动毫无兴趣。我们的公众报刊从来不研究民事法庭对俄国法律发展的意义，也不报道那些从法律观点来看最重要的判决，如果提到民事法庭，也只是由于轰动一时的诉讼案件。然而，假如俄国知识分子能够监督和调节我们的民事法庭，使其处于相对独立的地位，那么，它应该能够对俄国法律制度的巩固和发展产生巨大的影响。当人们说到俄国民事法律制度的不稳定性的时候，常常指出俄国物权法的缺乏。的确，俄国的民法法典是很陈旧的，商法法典根本没有，其他某些民事流转领域也几乎不是依靠确切的成文法来调节的。但民事法庭在俄国应当具有更大的作用。在法律意识较为发达的民族，比如在罗马人或英国人那里，在同样的条件下发展出了严谨的成文法体系，然而俄国的公民法制却依然处于同样的不稳定状态。当然，俄国也有通过司法判决来建立的法律，否则我们就无法生存了，这一点可以从法庭活动具有一定的稳定性这一事实中看到。但是，没有任何一个国家像我们国家这样，其最高上诉法庭的实践具有如此的不稳定性和矛盾性；没有任何一个上诉法庭像我们的参政院这样，如此经常地撤销自己的判决。最近，一些与法律毫不相干的理由也严重影响到了参政院民事上诉司的判决；比如，从 1907 年起，对俄国民法第 683 条（关于对铁路经营者的损失补偿问题）的态度问题发生了剧烈改变。但毫无疑问,在俄国最高上诉法庭的不稳定性问题上，我们的社会也有一定程度的过错，我们的社会漠不关心在其中占统治地位的公民法制的稳定性与合理性。甚至俄国法学理论家也对此兴味索然，因此，俄国的参政院上诉实践规则几乎完全没有制定。俄国甚至没有专门刊物来完成这些任务；比如，俄国唯一的一份致力于维护和制定形式法的报纸《法律》周报，只存在了10年。

我们的社会对公民法制的漠不关心之所以越发令人吃惊，是因为这涉及我们社会的最切身利益。法制问题是这样一些普通的和日常的问题，我们的社会生活、家庭生活和物质生活的安顿都依赖于这些问题的解决。

我们的社会有怎样的法律意识，我们的国家就有怎样的法庭。只是在俄国改革后的法庭的头几届组成人员中，才有几位称得上是对俄国社会法律意识有良好影响的个人；而最近20年间，我们的法庭中没有任何一位法官在俄国社会中获得普遍知名度和好感。“法官”在俄国不是这样一种荣誉称号，它证明冷静、无私、完全献身于法律，像在其他国家通常具有的那样。俄国没有不徇私情的刑事法庭；更有甚者，我们的刑事法庭变成了某种复仇工具。当然，政治原因在此具有决定性作用。但我们的民事法庭也远远没有站在自身使命的高度。某些法官的无知和疏忽简直令人吃惊，大多数法官对需要自己的思想付出不懈努力的案件毫无兴趣，缺乏深思熟虑，完全不重视，没有职责意识。熟知俄国法庭的人会令人信服地指出，有多少复杂难解的法律案件并不是依据法律来解决的，而是由于这样或那样的偶然性来解决的。在最好的情况下，有才干的和勤奋的代理人在审理案件的时候，会指出某些有利于委托人的细节证据。但经常发生的是，案件的决定因素甚至都不是法律的假象或虚幻的法律，而是某种毫不相干的意图。在俄国社会的广泛阶层中也没有对法庭意义的真正理解和对法庭的尊重；这一点特别表现在参加每次法庭的两类社会成员身上——法庭证人和司法鉴定人。在俄国法庭上常常不得不确信，法庭证人和司法鉴定人完全没有意识到自己的真正使命——协助澄清真相。像“可靠的伪证人”或“诚实的伪证人”这样一些不可思议的，却又广泛流行的词语，就足以表明我们社会中的某些人对自己的法律使命的态度是何等轻率。对民事案件的“速审法庭”在俄国早已没有了；我们的法庭负担了如此大量的案件，乃至对那些需要经过全部审判级别的案件的审理需要持续大约 5 年。可能有人会反驳说，法庭的超负荷是法官对自己的案件漫不经心和刻板态度的主要原因。但是，如果法官准备得更好，对案件情况更熟悉，工作会更顺利，案件的判决也会更容易、更快和更好，如果无论从法庭代表方面还是从社会方面都对法庭更重视，那么，案件审理工作就会进展得更顺利，案件的判决也会更容易、更良好和更迅速。最后，在这些条件下，对法制的兴趣就会获得如此决定性的意义，乃至使得俄国法庭的数量构成不至于像现在这样，仍处于令人不满的地位。

俄国 1864 年的司法改革也建立了自由的法律服务人员——律师（宣誓代理人）阶层。但我们在此不得不忧伤地承认，尽管律师阶层已存在了 40 多年，但他们对俄国法律意识的发展贡献甚少。俄国也曾有过、现在还有一些著名的刑法和政治辩护人；的确，在他们之中也有主张对罪犯采取人道态度的热烈宣传者，但大多数人只是为某一政治理想——也可以说为“新法律”、而不是确切意义上的“为法律”——而斗争的战士。他们过度迷恋于为新法律而斗争，常常忘记形式法律或一般法律的重要性。他们最后有时对“新法律”也帮了倒忙，因为他们更多时候遵循的是政治意图，而不是法律意图。俄国律师阶层对国民法律制度的发展带来的益处更小。在他们身上，为法律而进行的斗争过于轻易地受到另外一些意向的排挤，我们的著名律师经常变成普通的投机分子。这毫无疑问地证明了，俄国法庭的氛围和俄国社会的法律意识不仅不支持争取法律的斗争，而且甚至常常起相反方向的作用。

如果社会中完全没有对法庭的真正使命的清楚意识，法庭就不可能具有它被赋予的高尚地位。俄国知识分子没有对法庭使命的清楚意识，这一点有无数证据可以证明。我们只从这些大量证据中举出作为俄国人民法律意识表达者的国家杜马成员偶然说出的某些观点，比如，第二届国家杜马成员、极左派政党的代表阿列克辛斯基，他威胁人民的敌人说，他们将受到人民的审判，并断言“这是一切审判中最严厉的审判”。在几次会议之后，在同一届杜马中，极右派代表舒尔金如此为军事战地法庭辩护，说军事战地法庭好于“人民私刑”，他保证说，取消军事战地法庭的后果“将是出现最恐怖类型的人民私刑”，无辜者也将因这样的私刑而遭受苦难。这种对“法庭”一词的无端使用表明，俄国的杜马代表们关于法庭的观念所反映的还是那样一个时代的世界观，那时的法庭判决是对罪犯的“任意洗劫（на поток и разграбление）”。

不能把俄国法庭的不好仅仅归罪于政治条件；这里也有我们自己的过错。在完全类似的政治条件下，某些其他民族的法庭仍然是维护法律的。“柏林还有法官（есть судья в Берлине）”这句谚语所说的是18世纪末和19世纪上半期，当时普鲁士还是君主专制国家。

我们关于俄国知识分子法律意识水平低下所说的一切，不是进行审判，也不是进行谴责。俄国革命的失败和最近几年的事件，已经是对俄国知识分子的足够严厉的审判了。现在，知识分子应当回到自己的内心世界，深入理解内心世界，以便使其焕然一新和健全起来。最后，在这一内在工作过程中，应当唤醒俄国知识分子真正的法律意识。我也是怀着这样的信念和盼望写下这篇文章的，即相信并热切盼望在不久的将来，俄国知识分子的法律意识将成为俄国新社会生活的创造者和建立者。通过一系列痛苦的考验，俄国知识分子应当得出结论：除了承认个人自我完善和道德秩序这些绝对价值，还要承认最日常的，但又是最牢不可破的法律秩序这些相对价值。[1]

---

① 许多人认为，指责俄国知识分子法律意识薄弱是不公正的，因为这不是他们的过错，而是外部条件造成的——这就是在我们生活中占统治地位的无法无纪。这些外部条件的影响是不可否认的，我在自己的文章中也指出了这一影响。但不能把一切都归罪于这些外部条件，不能满足于这样一种认识，即“我们的国家生活在太长时间里——几乎世世代代——都没有培育我们，而是使我们败坏”“世代俄国人都是在对法制原则的普遍漠视中，在法制原则的无力性和不必要性的意识中被培养出来的”（参见 B. 马克拉科夫:《俄国生活中的法制》，载《欧洲通报》1909 年 5 月号，第 273-274 页）。既然我们认识到了这项恶事，那么，我们就再不能对此听之任之；我们的良知就不可能安宁，我们应当在自己身上与使我们败坏的原则作斗争。有思想的人们不配说：我们是被败坏的，我们将败坏下去，直到使我们败坏的原因被人消除，——每个人都有责任说：我不应该再败坏下去了，因为我认识到了是什么使我败坏的，我败坏的原因在哪里。我们现在应当集中自己思想、情感和意志的全部力量，来使我们的意识摆脱不利条件的致命影响。正因为如此我们才说，我们时代的任务在于唤醒俄国知识分子的法律意识并激发这一意识的积极活动。——第二版作者注

译注

1 “崩得”是“立陶宛、波兰和俄罗斯犹太工人总联盟”的简称。该联盟是一个机会主义的、资产阶级民族主义的组织。

2 特定多数，通常指赞同者的比例超过三分之二或四分之三。

知识分子与革命

彼·别·司徒卢威／著

郭小丽／译

在与日俄战争结局相关的最近一次革命之前，俄国经历了两次震动民众的革命危机：一次是动乱时期，我们认为拉辛暴动[1]是它的尾声；另一次是普加乔夫暴动[2]。这都是民众生活的大动荡，但如果我们要在其中寻找某种令其与西方大变革相近的宗教和政治思想，就是徒劳的。总不能把宗教思想作为分裂派教徒（раскольники）[3]参加普加乔夫暴动的原因吧？这两次革命虽然都未能找到可以抗衡经年历久的国家性的因素，而且还被后者击溃，但社会利益之争仍具有破坏力。

与我们目前所经历的事件相比照，16世纪末—17世纪初的革命最有借鉴意义。一般而言，在革命及革命胜利后，反动力量会以这种或者那种形式占上风。17 世纪初的动乱[4]具有某种独一无二的特性，在这场作为民众运动的革命中，社会中强健有力的国家因素直接占了上风，并没经历反动的过程。与此相关的是另一个同样重要的特点："这场动乱"不仅是社会运动，不仅是为争夺政治权力而进行的斗争，还是民族宗教自我保卫的一场声势浩大的运动。如果没有波兰的干涉，1598—1613 年的大动乱就会演变成一系列的宫廷阴谋和政变，其间间或发生规模不大的、零星的无政府性质的社会暴动（当时社会中具有无政府性质的无力的、彼此无关的暴动）。波兰的干涉使动乱发展成为民族解放运动，在这场斗争中，有能力进行国家建设的保守派社会力量成为国家的主要力量。如果说这是一个伟大的时代，那并不是因为底层发生过此起彼伏的暴动。底层的暴动毫无意义。

于是，在 17 世纪初动乱时期的各种事件中，国家和民族因素的重大意义以其惊人的力量清晰地显现在我们眼前。从这个视角来看，国家和反国家因素、缙绅与哥萨克之间的分歧和斗争显得至关重要。地方自治机关的第一位领袖普罗科皮·利亚普诺夫

（Прокопий Ляпунов）[5]因为幻想着与“偷盗者”建立共同事业而付出了自己的生命，他所构想的民族企业也完全破灭了。而“莫斯科国家的最后一拨人”响应牧首格尔莫根（Гермоген）[6]的号召，奋起拯救国家，在米宁（Минин）和波扎尔斯基（Пожарский）[7]的领导下，把民族解放和国家复兴的事业进行到底，而且是在与反国家的无政府主义“偷盗行为”进行斗争的过程中完成的。在上述俄国前彼得时期“动乱时代”的危急时刻，在其总体的心理状态中，能感受到某种当今这个时代所具有的、非常现代的东西……

对于底层民众来说，动乱的社会后果不仅毫无意义，而且是负面的。底层民众进行反对国家的无政府主义性质的暴动，只能加固自己的奴隶地位，巩固“老爷们”的社会力量。17 世纪社会动乱的第二次浪潮是与斯捷潘·拉辛（Степан Разин）相关的一场运动，丧失了无数生命，是毫无意义的残酷运动，采用的完全是“强盗”的手段，就其方法而言，如同第一次浪潮一样，软弱无力，被强大的国家碾压。

从这个角度来看，普加乔夫暴动与 1598—1613 年的动乱及拉辛暴动相比，并没有本质的区别。尽管如此，所有这些运动、特别是普加乔夫暴动的社会意义和社会内容是巨大的：可以用两个词来表达——解放农民。普加乔夫发表于1774年7月31日的公告[8]，以反国家的方式预言了1861年2月19日的公告[9]内容。他那具有“强盗”性质的运动必然失败：如果对于国家和最高权力来说，在18世纪和19世纪初解放农民是一件非常困难的事（由于经济和其他方面的原因），那么，用反对国家和最高权力的方法来达到解放农民的目的，这在当时则是不可能的。用反国家的强盗方式争取农民解放，这不仅使农民解放的事业遭到毁灭，而且使其走向了自己的反面。

无论是17世纪还是18世纪，“哥萨克”都是反对国家的“强盗”行为的主体。当时的“哥萨克”与现在的哥萨克概念不同，当时它并非某个军人阶层，而是一个社会阶层——一个最远离国家、最敌视国家的阶层。在这个阶层中，还保留着军事素养和喜好，然而，却还停留在集体抢劫的水准。

普加乔夫暴动是哥萨克带领底层民众反对国家的最后一次尝试。这次尝试失败后，哥萨克作为给民众带来无政府的和反国家的骚乱的因素，走下了舞台。

它自己则被国家收编，于是人民大众在斗争中变得孤立无援，直到其他力量走上了哥萨克的位置。当哥萨克作为革命因素退出历史舞台之后，俄国的社会生活中就在酝酿一种新的力量，尽管它在社会和日常生活方面与哥萨克完全不同，但却在政治上接过了哥萨克的衣钵，成为哥萨克的历史继承人。这股新力量便是俄国知识分子。当然，"知识分子"一词在使用时有不同含义。这个词在俄国日常生活和文学话语中的历史可以作为一篇有趣的专题论文的题目。

我们会想起来，屠格涅夫小说《奇怪的故事》里，一位地主－承包商使用这个词时的含义："'我们这儿很安宁。省长是一个性格忧郁的人，省里的首席贵族是单身汉。对了，后天在贵族会议厅举办大型舞会。建议你去一趟，这儿可有不少美女。还有，您能见到我们这儿的所有知识分子。'我的这位熟人上过大学，喜欢使用文绉绉的词语。他提到他们的时候不无讽刺，但也有几分敬重。再说，众所周知，做承包的生意不仅有名望，而且还能提高人的理解力和洞察力。"

我们所说的知识分子，当然不是指平时在贵族会议厅参加舞会的那帮人。

我们指的甚至不是“受过教育的阶层”。在俄国，具有该含义的知识分子早已有之，不代表任何特殊意义，也不担负任何如同哥萨克一样的使命。在俄国，一部分教会神职人员始终是“受过教育的阶层”的组成部分，后来，占第一位的当属贵族阶层。

在任何国家中，受过教育的阶层都曾经且一直起着很大作用；在不久前还处在欧洲文化最边缘的落后国家中，受教育阶层的作用毋庸置疑是巨大的。

这里要说的并非这个阶层，也不是它在历史上清晰而又明确的文化启蒙作用。在俄国的政治发展中，知识分子是一种完全特殊的因素：知识分子在俄国的历史意义，是由它对国家理念和国家的现实体现的态度决定的。

从这个角度来看，作为一种政治范畴的知识分子，在俄国农奴制改革时期[10]才在俄国历史生活中显现出来，并在1905—1907年的革命之中彻底彰显。

而俄国知识分子在思想上的准备则始于卓越的19世纪40年代。

作为俄国历史发展中思想政治力量的俄国知识分子，从其面貌中，能分辨出两种因素，一种是惯常的因素，就像一种固定不变的“形式”，还有一种变幻莫测、不断发展的因素，那便是“内容”。俄国知识分子的思想“形式”是“它的背叛”——对国家的疏远和敌视。

在俄国知识分子的精神史中，这种背叛有两种表现形式：绝对的背叛和相对的背叛。背叛的绝对形式表现为无政府主义：否定国家和所有社会制度本身(巴枯宁[11]和克鲁泡特金公爵[12])。相对背叛表现在俄国形形色色的革命激进主义中，笔者首先把俄国各种不同类别的社会主义都归为此类。在历史上，绝对背叛和相对背叛的区别并不大（尽管无政府主义者坚信两者之间有区别），因为无政府主义对国家的原则性否定是某种最高程度的抽象物，就如同革命激进主义对社会权力（亦即本质上是国家权力）必要性的根本认可也具有抽象性一样，与此同时，这种认可又在对所有具体定义中的国家的敌视中变得模糊起来。因此，马克思主义及其关于阶级斗争的学说，以及关于国家是阶级统治的组织的学说，在很大程度上似乎是知识分子对国家背叛的激化和完成。但如果我们把背叛局限在上述意义上，那么对知识分子本质的界定就不完善。就俄国知识分子的背叛而言，其典型特征不仅是反国家性，还有非宗教性。在否定国家并与其斗争的同时，知识分子驳斥国家的神秘主义不是为了另一种神秘主义的或者宗教的原则，而是为了理性的和经验的原则。

知识分子为其所累的深刻的哲学和心理学矛盾就在于此。它为了世界而否定世界，因此既不是侍奉世界，也不是侍奉上帝。的确，在俄国文献中，一个关于俄国知识分子宗教性的传说主要是从索洛维约夫[13]那里开始形成的。这实际上是把那个观点本身（我认为那是一个肤浅的和经不住推敲的观点）运用于俄国知识分子身上，那个观点[14]导致索洛维约夫站在基督教和宗教立场上，为反宗教的思想家平反，这是众所周知的一件事。区别仅仅在于，18 世纪西欧的实证主义和理性主义并非与宗教思想彻底格格不入，像俄国全体知识分子都陶醉于其中的 19 世纪俄国实证主义和理性主义那样。

不久前显出轮廓的、俄国知识分子所具有的全部极端主义（它使俄国知识分子在形式上接近易卜生的人物形象布兰德：“得到一切或者一无所有！”），就是以上述矛盾性为标志的，这种矛盾根本不具有抽象特征；这种矛盾性的重要含义渗透在知识分子的所有行动中，可以解释发生在俄国知识分子身上的所有政治突变。

有人说，俄国知识分子的无政府主义和社会主义也是一种宗教。恰恰是在上述的极端主义中，显现出宗教因素的存在。接着又有人说，无政府主义和社会主义本质上是个人主义的特殊表现形式，它们如同个人主义一样，追求的是个人生活最大程度的完善和美好，他们说，其宗教内容就在于此。在所有这类说法中，对宗教的理解完全是流于表面的，毫无思想深度。

基督教教导人们不仅要服从上帝，还要爱上帝。在基督教之后，对个人创造（或者更确切地说，个人在上帝的意志下建功立业）的拯救力量和决定意义的信仰，应该是、也不可能不是任何一种宗教中不可或缺的基本内容。有趣的是，现代基督教的那些教条主义观念，如同加尔文主义和詹森主义[15]一样，把预定论中的决定论思想提升到最高理论的高度，与此同时，又从心理上和实践上树立和践行着个人建功立业的思想。不存在不包含上帝理念的宗教，不存在不包含个人建功立业思想的宗教。

完全有可能在宗教方面背叛国家。托尔斯泰的背叛就属于这类[16]。但恰恰由于托尔斯泰是信仰宗教的，他从思想上既敌视社会主义，又敌视无神论的无政府主义，因此，他不在俄国知识分子之列。

社会主义将之视为世界观且赖以支撑的基本哲理和思想核心，是关于人的善恶绝对取决于外部条件的原理。难怪法国启蒙主义及边沁的追随者罗伯特·欧文是社会主义学说的奠基人，他提出了人的性格形成理论，否定个性承担责任的思想。

现代人所接受和理解的宗教教导人们说，人的善完全取决于他对最高原则的自由服从。所有在爱和崇敬而非恐惧中确立下来的宗教，其基本哲理都是“上帝之国在你们心中”。

因此，对于信仰宗教的世界观来说，没有比人的自我完善更珍贵和更重要的事情了，而社会主义根本不在意这一点。①

社会主义的纯经济理论与任何宗教都不发生矛

① 请对比笔者发表在《俄罗斯思想》上的关于列夫·托尔斯泰的文章（1908 年 8 月）。

盾，但社会主义本身却完全不是宗教。信仰宗教的人不可能信仰（“我信仰，上帝啊，我信仰”）社会主义，如同他不会信仰铁路、无线电报和按比例选举一样。

俄国那些先进的头脑对西欧无神论社会主义的理解和接受，是我们上文所说俄国知识分子意义上的精神诞生。巴枯宁是第一个此类俄国知识分子，此人在俄国社会思想发展过程中的核心作用远未得到应有的评价。没有巴枯宁，就不会有别林斯基的“左”倾，车尔尼雪夫斯基也不会是知名社会传统思想的继承人。如果把诺维科夫、拉季舍夫、恰达耶夫与巴枯宁、车尔尼雪夫斯基进行对比就能发现，在俄国，受过教育的名人与俄国知识分子名流之间，在思想上有着怎样的鸿沟。诺维科夫、拉季舍夫和恰达耶夫是真正信仰上帝的人，而在其深刻哲学意义上的无神论，则是这样一种真正的精神自发力量，这种自发力量是晚期巴枯宁和车尔尼雪夫斯基自始至终的全部活动所赖以为生的。一方是诺维科夫、拉季舍夫和恰达耶夫，另一方是巴枯宁和车尔尼雪夫斯基，二者之间的区别不仅在于他们生活在不同的历史时代。这并非是同一个链条上的不同环节，本质上讲，这是两种彼此之间不能妥协的精神流派，二者之间在每一个发展阶段都必定进行斗争。

19 世纪 60 年代，随着报纸杂志和政论体裁的发展，“知识分子”作为特殊的精神群体，从受过教育的阶层中明显分离出来。值得庆幸的是，我们的民族文学仍是俄国知识分子未能占领的领域。伟大的作家普希金、莱蒙托夫、果戈理、屠格涅夫、陀思妥耶夫斯基、契诃夫并没有知识分子的面孔。别林斯基（Белинский）[17]之所以伟大，不是因为他是一名知识分子，不是因为他是巴枯宁的学生，主要因为他是普希金及其民族意义的阐释者。还有赫尔岑（Герцен）[18]，尽管他是一名社会主义者和无神论者，却一直与自身的知识分子面孔做着斗争。更确切地说，有时赫尔岑更像是穿上了俄国知识分子的制服，但他与 60 年代活动家的分歧，不是简单地由于历史原因造成的文化发展的不同形态和社会思想的不同形态的人们之间的冲突，这种分歧是某种非常重要的和本质的现象。就本质而言，车尔尼雪夫斯基与赫尔岑不同。这里指的不是个性不同，而是精神类型的不同。

在俄国社会思想后来的发展中，比如，米哈伊洛

夫斯基 (Михайловский)[19] 是典型的知识分子，当然，与车尔尼雪夫斯基相比，他具有更加细腻的个性，但仍是一个彻头彻尾的知识分子。恰恰相反，索洛维约夫根本不是知识分子。萨尔蒂科夫 (Салтыков)[20] 的个性与赫尔岑不同，但如同赫尔岑一样，虽然完全不是知识分子，但却毕恭毕敬地穿着知识分子的制服。陀思妥耶夫斯基和托尔斯泰分别用自己的方式扯下了身上的制服并把它抛得远远的。其实，所有的俄国自由主义者都认为，穿知识分子的制服是自己的义务，尽管知识分子尖锐的背叛本质完全不适合穿制服——这便是俄国自由主义者与斯拉夫派的根本区别。格列布・乌斯宾斯基的神秘面孔之所以神秘，恰恰是因为他的真实面孔完全被某种知识分子的面具遮住了。

俄国知识分子对国家的非宗教性背叛，是理解我们经历过以及正在经历着的这场革命的关键所在。从普加乔夫暴动之后到这次革命爆发之前，发生在俄国的所有政治运动，都是俄国受过教育且享有特权的那部分人发起的。十二月党人的军官革命就明显具有这个特征。

早在 1862 年巴枯宁就认为，广大民众的社会和政治运动在当时就已经开始。当然，最终转变成1905年革命的运动究竟缘起于何时，这个问题大概可以无休止地争论下去，但巴枯宁在1862年这样写道："很多人都在讨论，俄国会不会发生革命，他们没发现，俄国目前正在上演一场革命。"他继续写道："如果沙皇不下决心召开全民地方杜马会议的话，1863年，俄国会发生可怕的灾难。"——他写这些话的时候当然没有想到，革命会向后拖延40年之久。

只有在我们亲身经历的这场革命中，知识分子的思想与民众的思想交汇在一起了——以这样的含义和这样的形式呈现出来，这在俄国历史中尚属首次。

革命抨击的是专制－贵族俄国的政治制度和社会结构。

1905年10月17日这一天标志着俄国数百年来形成的政治制度的彻底变革。这场变革与先前的这样一个漫长时期相比，发生得异常迅速，在这一时期，当权者全部政策都指向切断国家所有酝酿和发生这场变革的路径。这场变革发生在为期不长的信任年代，当然，旧制度对外政策的破产也是其导火索。

特别是最近这次变革行动，就是以迅雷不及掩耳之势展开的，它在鼓动总罢工的自发冲动的压力下，造成了10月17日的事件。这种极速狂飙的速度令俄国知识分子如醉如痴，它把自己想象成历史舞台的主人，这完全决定了那种知识分子借以实现自己理念的“策略”。我们已经总结了这些理念的总体特性。这种策略与这些理念相结合，而完全不仅仅是这种策略——是理解所发生事件的关键所在。

无论从本质上还是从形式上来说，这场革命都本应以10月17日的事件告终。在10月17日之前，民族和国家层面让人不能容忍的状况是，人民的生活和国家的发展完全被专制制度禁锢在先前规定的界限内。凡是从法律上或者从事实上推动了，抑或有可能在未来移动这条界限的事物，都不被容忍，都遭到打压。当维特 (Витте)[21] 关于专制和地方自治机关的著名札记在国外出版时，我在这本书的前言中总结了这种政治的特征并对其进行了抨击。这种政治必然崩溃，我再次强调，由于社会生活的复杂化和战争的爆发，崩溃的速度只会加快。

在1905年国家发生大变革的时刻，背叛的思想和背叛的情绪完全弥漫在俄国受过教育的广大群体中。几百年形成的政权在做出让步（即从根本上解决俄国的宪法问题）之后，就应当在瞬间灰飞烟灭。按当时社会民主派刊物上的原话说就是，“再踹上最后一脚就能踩死这个坏蛋”。当这种口号提出的时候，人民代表大会还没有召开，全体人民的真正情绪还无人知晓，更重要的是，民众对政治生活的准备度，以及它的政治克制力也无从得知。除了我们的革命党及其在自由时期组建的组织，还没有人以这样毫无底线的轻率态度，来号召人们进行大规模的政治和社会变革。足以说明问题的事实是，在每一次大革命中，推翻君主制的思想都不是提前抛出来的口号。无论是17世纪的英国，还是18世纪的法国，推翻君主制的行动都是由一系列悲剧事件引起的，没有人预见到这些事件，没有人号召，也没有人“刻意去做”。

短命的英吉利共和国[22]诞生于议会出现的几百年之后，是激烈的宗教－政治斗争的结果，他们的领袖可能是英国国家思想最有力而又鲜明的体现者，他使英国达到了前所未有的强盛。法国的君主制垮台了，纯粹是因为政治上没准备好它自己启动的国家变革。取代它的共和国是在民族生死存亡的斗争中锻造出来的，而这个共和国的出现，似乎也只是为了让位给新的君主制，后者却最终在与外敌的斗争中土崩瓦解了。拿破仑一世给自己打造了一系列神奇的传说，在这道光环里，他的个性与国家的强大和辉煌密切相关。拿破仑穷途末路之后的复辟王朝，本是异族人扶植的，因此从这个王朝复辟伊始，整个国家就是衰落的。以奥尔良王朝面目呈现的波旁王朝，本来是可以在 1848 年之后回归王位的，但是波拿巴家族的人以历史上第一帝国的辉煌向它提出警告。但拿破仑三世在政变频仍的环境中衰落了，军队对国家进行了史无前例的彻底毁灭。就这样，在法国现代史上的几乎整整 100 年中，不断地发生政变，从共和国到君主制，又从君主制到共和国，周而复始，国内的大事件接二连三地发生。

其他国家的革命经历是对俄国革命的最佳注释。知识分子只看到民众身上蠢蠢欲动的本能——一种很远的声音，汇聚成一片喧嚣。知识分子未做系统的教育工作，把这片喧嚣梳理成每个个体理性又清晰的声音，而是把自己简短的书面口号贴在上面。于是，当喧嚣声沉寂下来，这些口号就成了无根的浮萍。

在与经年历久的俄国国家性以及“资本主义”社会制度作斗争的时候（与先前相比，在 10 月 17 日之后,这场斗争进行得更加亢奋,采取了更革命的方式),俄国知识分子给这场斗争注入了更深的仇恨，以致命的执着坚信自己的结论和学说，没有一丝一毫的宗教思想。

俄国知识分子的宗教性或非宗教性看起来与政治无关。但是，只是“看起来”无关。并非偶然的是，俄国知识分子一方面表现出非宗教性，即我们所强调的非正式的宗教，与此同时，在政治上它又富于幻想，不务实，轻率冒失。这是没有信仰的轻信，没有创造的斗争，没有激情的狂热，没有尊敬的偏执，一言以蔽之，这里曾经是，且仍然是没有宗教内容的宗教形式。当然，这种矛盾性是所有被唯物主义和实证主义熏陶的极端主义的本质特征。但是，这种矛盾不曾，也不会给任何一种具有生命力的历史力量以如此的压力，却把这种重负给予了俄国知识分子。只有在宗教思想中，在崇敬某种最高原则并为之服务时，激进主义或者极端主义才有为自己辩护的理由。首先，宗教思想有能力软化这类激进主义的棱角，缓和其刚烈性和残酷性。但除此之外还有一点，也是最重要的一点，宗教的激进主义会诉诸人的内在本质，因为以宗教的立场来看，生活的外部安置是次要问题。因此，无论宗教的极端主义如何坚定地提出了政治和社会问题，它都不能不看到其中隐含的人的教育问题。哪怕这种教育要通过人与上帝的直接交流实现，这种方式可以说是一种超人力的方式，但它终究是对人的培养和完善，关注的是人自身，他的内心世界和他的责任感。

相反，非宗教的极端主义，无论它是以怎样的形式呈现的，都会把教育人的问题放在政治和社会建设的层面上审视，用生活的外部安置取代对人的教育。

当我们说俄国知识分子在思想上否定了且否定着个人功绩和个人责任的时候，似乎我们就与一系列历史事实产生了矛盾：俄国知识分子为人民服务的事实，英雄主义、苦修精神与自我牺牲的事实，这是俄国知识分子为人民服务的突出特点。但是要知道，现实中的自我牺牲行为根本不意味着承认作为管理个性和社会生活之原则的个人责任思想。当俄国知识分子思考着自己对人民的义务时，它从没有想到过这样一层深意，即在义务原则中表现出的个人责任思想，针对的应该不仅仅是他自己——知识分子，还应该针对民众，也就是每一个人，不管他是怎样的出身和社会地位。尽一己之力为民众服务的俄国知识分子，尽管其禁欲主义和苦修精神颇具魅力，但也因此失去了根本的道德意义和教育的力量。

这一点在这场革命中清晰地显现出来。在俄国知识分子“为人民服务”的理论中，并不认为人民有什么义务，也没有给人民自身提出任何教育的任务。可是，由于民众是受利益和本能驱动的那部分群体，因此，知识分子的意识形态散布到民众之中后，它所给予的必定根本不是理想主义的果实。民粹派的说教（更不用说马克思主义的了）在历史现实中变成了为所欲为和道德败坏。

在没有教育思想的政治中只有两种可能性：一种是专制制度，一种是暴民政治。俄国激进的知识分子在提出最激进的要求并为此号召人民付诸行动的时候，完全否定了政治中的教育，并用唤起亢奋情绪的方式取代教育。但当兴奋迅速发生作用之后，就再也无能为力。当亢奋情绪消退后，机会也被错过，于是反动力量掌控大局。当然，这不仅仅是错失机会的问题。

目前，反动力量那令人厌恶的嚣张气势，令许多人忘记或者闭口不谈我们所经历的这场革命中的错误。没有比这种忘记更危险的事物，没有比这种沉默更轻浮的态度。将这种态度称为政治的印象主义再恰当不过了，我们必须用这样一种方式来对抗这种态度，即超越关于当前时局的印象，分析国家在知识分子领导下所经历的这场政治危机的道德本质。

是什么让民众投身于这场危机？与使他们投入17世纪和18世纪的革命运动中的东西一样，这就是他们自己经历的社会苦难，以及从他们中自发生成的社会需求、自己的本能、贪欲和仇恨。这里没有任何宗教思想。这是非常有利于俄国知识分子中非宗教的极端主义生长的土壤，于是，极端主义就在这片土壤中怀着无所不能的自信行动起来。

俄国知识分子思想中的政治极端主义以惊人的速度嫁接到由民众本能产生的社会极端主义上。知识分子轻易而急切地走上了这条让劳苦大众参与政治和社会革命的道路，这并非简单的政治错误问题，不是单纯的策略上的罪过。这是一个道德错误。其基础是一种观念，认为社会的“进步”可以不是人自身完善的结果，而是一种赌注，用唤起民众的方法，应该就能在这场历史游戏中赌赢。

在这个主要的道德错误上，又加上了政治上的草率和不务实。如果说知识分子具有宗教性的形式却缺乏宗教性的内容，那么它的“实证主义”则恰恰相反，是某种完全无形式之物。它是一种“实证的”“科学的”思想，却没有任何真正的实证性，没有关于生活和人的知识，是没有经验的“经验主义”，缺乏智慧的“理性主义”，甚至完全违背常理。

革命并不成功。现在越发清晰地显现出，在这场革命行动中，巧妙假装的挑拨行为发挥了作用。但这种情况只是鲜明地显现出革命者令人吃惊的不务实和他们实践能力的薄弱，但问题的本质并不在于此。因为问题的本质不在于他们怎样搞革命，而在于他们总之是搞了革命。当他们的任务在于集中全部精力进行政治教育和自我教育的时候，他们搞了革命。战争打开了民众的视野，唤醒了民族良心，这为政治方面的教育工作带来了很多可能性，本来应该会有丰硕的成果。然而我们看到的却不是这个结果，那是什么呢？

两次掀起革命风暴的工人群众（工人代表的苏维埃）大罢工，一系列毫无意义又令人同情的军队造反，比起初的表现要糟糕得多的莫斯科起义，拒绝参加第一届杜马的选举，准备后续的掺杂挑拨行为的武装起义，这些起义在国家杜马解散之后才突然爆发。所有这一切应该恐吓住政权并最终将之清除。政权的确被恐吓住了。于是出现了一系列军事－战地法庭和没完没了的死刑判决。之后，国家的恐惧转变成为一种政治常态，至今当权者仍然身处其中，并在这种形势中修改了选举法，——现在恐怕需要漫长的时日，才有可能推动国家迈步前行。

因此可以说，对国家的非宗教性背叛，作为俄国知识分子政治世界观的典型特征，既是其道德轻浮的原因，也是其政治上不务实的原因所在。

从这张疾病诊断书当中能得出怎样的结论呢？第一个结论是（其实我已经在上文中提到），病原扎根很深，所以讨论这个问题时，只谈政治方法问题是可笑的。俄国知识分子必须重新审视自己的整个世界观，包括对这种世界观的主要理论基础——即上文所说的社会主义对个人责任的否定——进行彻底的重新审视。只要搬走这块大石头（也应该搬走），这个世界观大厦就会轰然倒塌。

与此同时，“政治”这一原则本身应该在俄国知识分子的思想视野中发生改变。一方面，政治应不再像此前那样，是一个孤立的、不依赖于所有其他精神生活的领域。因为即便是政治的基础，也不是社会生活的外部安置的理念，而是人内在完善的思想。另一方面，不依赖于所有其他精神生活的政治统治着所有其他精神生活的局面应该结束了。

在俄国知识分子的头脑中，最终形成了扭曲的、从根本上相互矛盾的对政治的态度。俄国知识分子在把政治归结为生活的外部安置（从技术角度来看，政治的确是生活的外部安置）的时候，他们同时又把政治看作是自己以及民众的全部生活(我这里使用的“政治”概念正是广义的社会生活外部安置的含义)。于是，有限的手段就转变成包罗万象的目的，即非常明显的歪曲——目的和手段之间关系的歪曲，尽管在人们的日常生活中经常遇到。

只有让政治服从于教育的理念，才能把政治从那种由于对它的“外部”理解注定使其陷入的那种孤立中解脱出来。

不能把被这样理解的政治简单地归结为不同社会力量之间的竞争，比如，归结为最终靠物质优势来解决的阶级斗争。另外，如果这样去理解政治，就不能让整个精神生活服从于外部含义上的政治。

当然，教育也可以从外部含义上去理解。社会的乐观主义就是这样理解它的，这种观点认为，人永远都是准备好的，永远都是足够成熟的，有能力迎接美好的生活，只有不合理的社会制度在妨碍着他，不让他展示他所具备的所有特性和潜能。从这种观点来看，“社会”本身就是个性的教育者，是好的或者坏的教育者。我们所理解的教育完全不是这种含义，不是社会环境的建制及其对个性的教育功能。这是“社会主义的”教育理念，与宗教意义上的教育理念完全不同。宗教意义上的教育与社会主义的乐观主义是格格不入的，它信仰的不是制度，而只是创造，是人对自身的积极改进，是为了创造的任务而在内心深处展开的自我斗争。

俄国的知识分子一旦摒弃了对国家的非宗教性背叛，就将不再作为某种特殊的文化类别而存在了。它能够完成这一克服其不良本质的伟大功绩吗？俄国及其文化的命运在很大程度上取决于该问题的解决。此时此刻能否给出该问题的明确答案呢？相当困难，但仍有一些依据可以用来回答这个问题。

有理由认为，改变有可能从两个源头发生，所以这种变化会有某种双重性。首先，在经济发展过程中俄国知识分子会“资产阶级化”，也就是说，被分流到社会的各个阶层之后，在适应社会的过程中与国家和解，并从肌体上自发地融入现存的社会制度中。这当然不是精神的变革，只不过是精神面貌适应了现存的社会制度。这个过程的快慢取决于俄国经济发展的速度，也取决于以宪法精神改造整个俄国国家体制的速度。

当然，俄国知识分子也有可能发生真正的精神变革，那一定是思想斗争的结果。只有这种转型才是我们这里感兴趣的事物。能为该转型做一个怎样的预测呢？

在俄国知识分子群体中，一场深刻的思想波动已经开始，产生了不少新思想，先前的思想根基被动摇且声名狼藉。这个过程才刚刚开始，它将来会取得什么样的成绩，会终止到何处，此时此刻还很难说。即便是这样，现在也可以说，由于俄国的思想历程与一些走在我们前面的国家的精神发展密切相关，因此那些国家发生的事件和过程，不可能不反映在俄国人的思想状态中。作为一种特殊文化类别的俄国知识分子，是西方社会主义与我国文化、经济、政治发展的特殊状态相互作用的产物。在俄国师承社会主义之前，俄国知识分子并不存在，当时只有“受过教育的阶层”及其各个分支。

对于西方的精神发展而言，在这个时代没有比社会主义的危机及其瓦解更重要和更有各种后果的过程了。社会主义在瓦解的时候被社会政治吞噬了。边沁战胜了圣西门和马克思。拯救社会主义的最后一次努力是工团主义，一方面它是社会主义浪漫复兴的一种尝试，公开地把社会主义抬高到自发的非理性原则；另一方面，这也意味着公开号召野蛮。很显然，这最后的努力是无力且又徒劳的。在这种情况下，社会主义未必仍然是俄国知识分子这一社会群体精神存在的活水。

社会主义危机在西方之所以并不明显，是因为那里没有知识分子。西方没有知识分子这种感觉器官。因此思想层面上的社会主义危机，对俄国的打击力度应该比对其他国家更大。在这场危机中显现出的正是那样一些问题，即作为俄国革命及其一波三折之基础的问题。但是，如果说我国“知识分子”对社会主义危机比“西方人”更敏感，那么另一方面，我们的危机本身及对于我们来说的危机，已经被我们不幸的“政治”遮住了，被苟延残喘的专制主义的复兴遮住了，被反动力量的嚣张遮住了。在西方，问题的原则性意义及危机的器质性要明显得多。

这种思想上的危机，既不能用策略指导的“毛毛雨”来医治，也不能靠聊以慰藉的无思想的文化工作方法来医治。我们当然应该坚持不懈地做文化方面的工作。但目的只是不在文化中迷失方向，而是站稳脚跟，这就需要思想，需要思想方面的创造斗争。

译注

1　又称“拉辛起义”。1667 年 5 月，斯捷潘·拉辛 (Степан Разин) 率领哥萨克（农民、农奴和部分市民）在顿河发动暴动（起义）。他们起初在伏尔加河下游和里海沿岸“求衣食”，劫掠客商船队和富豪，后来队伍迅速壮大，并攻下了阿斯特拉罕、察里津等城市。1670 年提出杀富济贫、效忠上帝和沙皇等口号，但最终在围攻辛比尔斯克时被沙皇军队打败。1671 年拉辛被捕并被处以肢裂酷刑——磔刑。

2　又称“普加乔夫起义”，1773 年由顿河哥萨克首领普加乔夫领导发动。此前的 1771 年，莫斯科爆发了底层民众的“鼠疫之乱”，天灾人祸加之 1768—1774 年的俄土战争，极大地激化了国内矛盾。普加乔夫深谙民众拥戴“好沙皇”的心理，自称是真正的彼得三世，召集了多达数万人的队伍，一度曾攻城略地、披荆斩棘、所向无敌。但由于内部出现了矛盾和分化，外部压力也越来越大，1774 年 8 月，普加乔夫被叶卡捷琳娜二世的军队打败并被俘，1775 年 1 月被处决。

3　又称“旧礼仪派”或“旧信徒派”，正教会称之为“分裂派”，1666 年从俄国正教会分裂出去，起因是东正教大牧首尼康在 1652—1666 年实施的宗教改革。在沙皇阿列克赛·米哈伊洛维奇支持下，尼康根据希腊东正教版本修改俄国教会书籍和礼拜用书，改变了一些内容和礼仪，遭到部分信徒的反对。以大司祭阿瓦库姆为代表的旧礼仪信徒捍卫古老的信仰和仪式传统，与官方教会分裂并遭到镇压。部分分裂派教徒参加了斯捷潘·拉辛以及普加乔夫的暴动。但是分裂派运动最大的影响在于，形成了以信仰为生命且往往与官方意识形态相对立的思想者群体。

4 “动乱”时期特指俄国 1598—1613 年（或 1598—1618 年）的历史时期。在此期间一方面自然灾害频仍，另一方面还有层出不穷的“自僭为王”运动，以及此起彼伏的外国武装干涉、国内动乱和对外战争，使得这一时期成为政治、社会和经济危机最为严重的历史阶段之一。

5 普罗科皮·利亚普诺夫（出生年代不详，卒于 1611 年 7 月 22 日）：俄国动乱时期的政治家及军事家。鲍里斯·戈都诺夫死后，利亚普诺夫拥护伪特德米特里一世为沙皇，由于他出身梁赞贵族，且在贵族青年中具有一定声望，因此有很多跟随者同他一起效忠伪德米特里一世。伪德米特里一世被杀后，利亚普诺夫从起初反对沙皇舒伊斯基，转变为后者的拥护者，并率领梁赞人粉碎了博罗特尼科夫的暴动（起义），还率兵征讨伪德米特里二世，得到沙皇舒伊斯基的信任，被赋予了“杜马贵族”的称号。

6 牧首格尔莫根（1530 年左右生人，卒于 1612 年 2 月 17 或 27 日）：于 1606—1612 年担任莫斯科及全罗斯牧首，是动乱时期的见证者和活跃人物之一。他采取措施以强化正统教会与沙皇之间的关系和秩序，主张民族自豪感和道德原则，希望有一个更和谐的社会，支持《神圣莫斯科公约》，倡导保护国家和人民的利益。去世后被俄国东正教会封圣。

7 米宁（1570—1616）和波扎尔斯基（1578—1642）被认为是俄国动乱时期的两位民族英雄，他们曾率领民兵打败波兰入侵者。17世纪初期，波兰国王若尼三世试图在莫斯科设立傀儡政权。动乱时期的俄国官方无法有效地组织军力反击波兰。于是诺夫哥罗德大公德米特里·波扎尔斯基便组建了一支民兵队伍，商人科日马·米宁则带头筹集善款，他们在莫斯科召集了大队人马组成民兵，筹集到武器、弹药和其他物资，共同带领民兵抵御波兰入侵，并于1612年取得胜利。现莫斯科红场的“米宁和波扎尔斯基纪念碑”是为纪念二人而立，他们获得胜利的日子——11月4日被命名为俄国“团结日”，今天仍是俄罗斯的法定节日之一。

8 “1774年7月31日公告”又称“告奔萨及奔萨省全体居民书”，是普加乔夫以彼得三世之名颁布，本质上是解放农奴、让农奴获得自由的宣言，标志着“1773—1775”普加乔夫暴动的顶峰时期。

9 应该指出的是，本项公告并非2月发布。俄国儒略历1861年6月19日（公历为3月3日），俄国沙皇亚历山大二世签署了著名的“1861年6月19日宣言”，宣布取消俄国农奴制。尽管数百万农奴并未因此获得应有的自由和平等，但这次重大改革仍客观上推动了俄国现代化进程，加速了其他形式的劳动力自由化。

10 俄国农奴制从15世纪后期开始建立，一直延续到1861年农奴制改革为止。农奴制度的主体是农奴，他们在农奴主的所有权下在农业生产中进行体力劳动并交付重税。农奴的地位往往被世袭固定，他们不享有人身自由、婚姻自由和土地自由等基本自由权利。农奴主可以对农奴实施体罚、变卖、吊打等行为。经历了卫国战争并“解放了”欧洲的俄国知识分子，对农奴制深恶痛绝。1861年，沙皇亚历山大二世发表了解放农奴的宣言，宣布废除农奴制度。

11 巴枯宁(Бакунин，1814—1876)：19世纪俄国思想家和革命家，无政府主义和民粹派理论的创始人之一。他是1830年代末至1840年代初俄国社会主义和革命运动的先驱和代表人物。1848年欧洲革命之后，巴枯宁回到彼得堡并重组了“自由主义者联盟”组织，持续推动社会主义和自由主义思想在俄国的传播。1855年被逮捕并判处20年监禁，1863年被提前释放后，继续参与革命活动。1870年，他因涉嫌策划政变而再次被捕并流放到西伯利亚直至去世。

12 彼得·阿列克赛耶维奇·克鲁泡特金公爵(князь Кропоткин，1842—1921)：俄国革命家-无政府主义者，是“无政府-共产主义”等理论的创始人之一；同时他也是地理学家和气象学家，研究西伯利亚、中亚等地冰期时期的植物。

13 弗·谢·索洛维约夫（Владимир Соловьев，1853—1900）：俄国著名的宗教哲学家、诗人、政论作家。他是现代意义上俄国哲学和东正教神学的奠基人，在俄国哲学史上是跨时代的人物。他站在世界哲学史和时代的高度把握俄国的困境和历史使命，强调生活的精神基础并企图恢复精神世界的完整性，为俄国宗教哲学塑造了鲜明的性格。

14 指关于俄国知识分子具有宗教性的观点。

15 加尔文主义是16世纪法国宗教改革家、神学家约翰·加尔文及其教派的诸多主张和实践的统称，在不同的语境中含义不同。加尔文支持马丁·路德的“因信称义”学说，主张人类不能通过正义的行为获得救赎等，反对“神人合作”论，认为教义应回归圣经，因此加尔文主义者的神学传统通常被称为“归正神学”或“改革神学”。由加尔文等人发展起来的主要基督教宗派有“归正宗”“长老宗”“公理宗”等；詹森主义是17—18世纪天主教会的宗教运动，在法国得到传播。这种流派强调人的原罪以及恩典的必要性。詹森主义强调，上帝在创世之前就已经拣选出预定得救之人，如果没有上帝的恩典，单凭人的努力永远不能得救，因为人性本来就是堕落的，无法自救，只有借助基督之死才能得到救赎，因此不能过于强调人的理性，夸大人的善行。天主教会认为詹森主义在以下几方面接近加尔文主义：（1）总有一些天主的戒律是人无法依从的，不管他如何渴望和努力；（2）堕落的人不能抗拒上帝的恩典；（3）人缺乏自由意志，但能积德行善；（4）先行恩典是所有内部行为所必要的。堕落的人没有自由选择或抗拒先行恩典的能力；（5）基督为所有人而死。

16 托尔斯泰对基督教救赎理念持不同观点，他反对教会的神秘主义内容，认为其神秘主义的东西不过是巫术和催眠术，祈祷不过是咒语。与此同时，他从“清醒的理智”立场对教会进行了尖锐地批评。

17 维·格·别林斯基（1811—1848）：俄国革命主义者、哲学家、文学评论家。先后做过《望远镜》《莫斯科观察》《祖国纪事》等著名期刊的撰稿人或编辑。在思想领域，主张革命民主主义的政治纲领，是平民知识分子的先驱和俄国社会民主主义的先驱；在文学领域，首次系统地总结了俄国文学发展的历史，阐述了艺术创作的规律，提出了一系列重要的文学和美学见解，是俄国文学批评和文学理论的奠基人之一。

18 阿·赫尔岑（1812—1870）：俄国哲学家、作家、革命家。有“俄国社会主义之父”之称。赫尔岑宣传辩证法和唯物主义，主张“社会革命的必要性”，其作品《谁之罪》和《往事与随想》等影响了几代俄国人的生活和思想。1853年，赫尔岑在伦敦建立自由俄国印刷所，后又与奥加辽夫一道出版《北极星》和《钟声》期刊，宣传民主思想，这些刊物被大量秘密运回俄国，促进了俄国解放运动的发展。

19 尼古拉·康斯坦丁诺维奇·米哈伊洛夫斯基（1842—1904）：俄国政论家、社会主义学家、文学评论家、翻译，民粹派理论家。他认为俄国的出路在于建构以村社为基础的社会主义。他坚决反对农奴制，热情支持“土地与自由社”以及民意党人的地下活动。

20 萨尔蒂科夫·谢德林（1826—1889）：19世纪俄国文学家、

政论家，曾任梁赞和特维尔的副省长。他以谢德林为笔名撰写小说、散文、戏剧和杂文等作品，对社会现实进行了尖锐的批评。他反对沙皇的专制制度、支持自由派和民主改革。

21 谢尔盖·尤里耶维奇·维特（1849—1915）：俄国历史上著名的经济学家和政治家，俄国现代化和经济改革的重要推手。维特担任过俄国财政部长、交通部长、沙皇亚历山大三世的顾问及俄帝国国务委员等职务。他颁布了多项重要的经济政策，引入了一系列新的经济制度和概念，着力发展工业和铁路系统建设。维特撰写了系列著作和杂文，1899 年出版的《专制制度与地方自治机关》被人们戏称为“变色龙”，因为一方面维特最先发现政治制度与地方自治机关之间存在某种不协调关系，指出了专制制度与地方选举自治之间的互不兼容性，但另一方面，他又没有给出解决问题的方式：究竟应该改革专制制度抑或解散地方自治机关？对此，作者并没有明确的态度和观点。

22 英吉利共和国又称“英格兰共和国”（1649—1660），全名为“英格兰、苏格兰与爱尔兰共和国”，是第一个统治全英国的共和国政府。1649 年，克伦威尔的议会打败王党军队，处死国王查理一世，建立了英吉利共和国。1653 年，克伦威尔宣布就任护国主，实际上是军事独裁专制，共和国名存实亡。1660 年，查理二世复辟，英吉利共和国覆灭。

虚无主义的伦理学

——评俄国知识分子的道德世界观

谢·柳·弗兰克／著

徐凤林／译

世界不是围绕着新的喧嚣的发明者运转，——而是围绕着新价值的创造者运转。世界悄无声息地运转着。

如果有谁为了自己的学说而赴汤蹈火——这证明什么呢？真正更加重要的是，让自己的学说在自己灵魂的烈火中诞生。

——尼采《查拉图斯特拉如是说》

谁若希望并能够自由而求实地探讨我们社会之现状及其复兴之路，他就应当注意到两个最重要的事实。这就是，由知识分子意识所领导的曾大有希望的社会运动之破产，和跟随这一事件之后到来的那些在俄国知识分子中最坚固的道德传统与观念的轰然崩塌。实际上，这两者证明了同一种东西，它们都揭露出被掩盖至今的俄国知识分子之传统道德观和文化哲学世界观的软弱无力、徒劳无功和缺乏根据。说到第一个事实——俄国革命之不成功，用所谓“反动势力”“官僚主义”之恶毒来加以“解释”，这样的庸俗解释对于任何力图严肃真诚而富有成效地讨论问题的人来说，都是不能令人满意的。此一解释的问题主要不在于事实上的不可靠，而在于方法论上的错误。这本来就不是理论的解释，而完全是对事实的一种片面的、实际上有害的道德认定。毫无疑问，维护“旧制度”的党当然要竭尽全力反对解放运动，以便阻止这一运动和消除其后果。可以谴责该党之利己主义、国家事务上的鼠目寸光，漠视人民利益，但是，让它对这种直接反对它并总是蓄意消灭它的斗争之失败来负责——这种论断要么是不诚实的，要么是无意义的儿戏；这就好比由于俄日战争之可悲结局而谴责日本人。这是一种流行的意图，即无论何时何地都以“长官之过”的廉价之念来自慰，这里表现出的是一种甘心受辱的奴性心理，与个人责任意识格格不入，而是习惯于将自己的福祸归因于外人和外部力量的仁慈或愤怒。与此相反，下述论断完全可以用来说明当今时代，这就是“任何一个民族都有它理应得到的政府”[①]，如果说在革命前，旧制度的实力尚不能提供充分理由断定其内在的历史必然性，那么如今，当曾一度波及全社会并使社会意见成为政治上的决定因素的斗争，以新思想的维护者的失败而告终以后，社会就没有理由推卸其对产生于这场动荡的生活方式所应负有的责任了。在这场政治搏击中表现出来的社会的软弱无力不是偶然的和单纯的不幸；从历史和道德观点看这是社会的罪孽。由于一切运动无论其目标还是其策略，归根结底都遵从和取决于俄国知识分子的精神力量——他们的信仰、生活经验，他们的评价与兴趣、思想与道德气质，因此，政治问题本身就成为文化－哲学问题和道德问题，知识分子之事业的失败问题，就触及了更广泛更重要的知识分子之信仰的价值问题。

---

① 法国政治家德·梅斯特在1811年的一封书信中谈及亚历山大一世颁布新法律时说的一段话。参见 Maistre. J.de：Lettres et opuscules inedits. P. 1851. Vol. 1. p. 125。——俄文编者注

我们所指出的另一个事实也归结为这同一个问题。看似如此稳定而坚固的俄国知识分子之道德基础，何以如此迅速而彻底地动摇和崩塌？如何解释那些纯粹正直、受过优秀人物教诲的俄国知识分子，竟能在一夜之间就堕落到行凶抢劫和兽性的肆无忌惮？为什么政治犯罪这样不知不觉地与刑事犯罪同流合污？为什么“萨宁分子”[1]以及被庸俗化的“性问题”仿佛在思想上与革命性交织在一起？对于这些现象，仅限于道德评判不仅徒劳无功，而且会使其最大特点模糊不清；因为这些现象的特异之处在于，这不是随时随地都可能发生的违背道德，而是自以为有思想意义和被宣传为新思想的胡作非为。问题在于，何以这种宣传能够获得成功，而我们知识界却找不到一种足够强大而坚固的道德传统来遏止它。察觉了这个问题——就意味着直接领悟了，在俄国知识分子的世界观中至少不是一切都令人满意的。政治危机和道德危机同样坚决要求对俄国知识分子的精神生活做一番深思熟虑和不偏不倚的重新考察。

以下文字只讨论这一广泛而复杂问题的一部分，即试图批判地阐明和评价俄国知识分子的道德世界观。当然，精神生活的具体不同方面不是孤立存在的；活的心灵不能分成各个部分和由各个部分构成，像机械那样，——我们只能在思想上通过人为的抽象程序划分这些部分，尤其是，道德世界观如此紧密地与完整的心灵面貌融为一体，如此一方面与宗教－哲学信仰和评价，另一方面与直接心理动机和一般世界观及生活感受不可分割地相互联系，以至于对它的独立的理论描绘不能不只是抽象的说明图纸，而不会成为艺术肖像；至于对道德世界观做纯粹的、孤立的分析，有意彻底忽略它与其他内容（一部分是论证根据，一部分是由它产生的精神动机）的生命联系，则在此总体来说既是不可能的，也是我们所不希望的。要解开这一精神生活之活结和理清构成它的各个线索——道德哲学内容和思想，是相当困难的；这里只能事先允许近似的精确度，但并不完善的分析尝试也是十分重要的和迫切需要的。俄国知识分子的道德世界——它在数十年间在基本点上保持未变，尽管知识分子宣传过各种不同的社会主义学说——构成了某种庞大的活的体系，某种顽强存在的充满自我保护本能的有机体。为了弄清这一有机体的疾病——其显著和危险的症状我们刚才已指出——就应当试图在思想上解剖它，并找出它的哪怕是最基本的病根。

一

道德性、道德评价和道德动机，在俄国知识分子的心灵中占据独一无二的地位。如果用一个词来表述俄国知识分子的这种思想趋向,便可称之为道德主义。俄国知识分子除了对人、行为及事物状态做好与坏、善与恶的道德划分，不知道任何绝对价值、任何标准和任何生活目标。在我们这里，需要特殊的强硬指令或对多数人总是要腔调异常地高声吆喝，才能让人感到，生活中除道德价值外，还存在着或至少是可以想象其他的价值和标准，心灵中除善之外，还可容纳真理、美、神性等理想，它们同样能鼓舞人心并使其建立功勋。理论价值、审美价值、宗教价值都不能统治俄国知识分子的灵魂，他们对这些价值的体验是模糊和薄弱的，并且在一切场合总是成为道德价值的牺牲品。理论的、科学的真理，严肃和纯粹的为知识而知识，无私地追求对世界的确切的理性反映和把握，这些从来不能在俄国知识分子意识中扎根。俄国思想发展的全部历史都具有一种鲜明的道德功利主义色彩。从[19世纪]60年代对自然科学的热情崇拜，到最近如经验批判主义那样的科学兴致，俄国知识分子在思想家及其体系中所寻求的不是科学真理，而是对生活的益处，是为某种社会道德倾向进行辩护或使其神圣化。正是俄国知识分子的这种心理特点，是米哈伊洛夫斯基试图在其著名的“主观方法”学说中加以论证和合法化的。俄国知识分子的这一思维特点——亦即尼采称之为“理智的良知”的不发达——是如此众所周知和显而易见，以至于在对它的确定上不可能引起任何分歧，只是在对它的评价上才可能有所不同。审美良知的声音在俄国知识分子的内心仿佛显得更加微弱、胆怯、压抑和迟疑。在这方面，皮萨列夫和皮萨列夫分子幼稚地贬低伟大的民族艺术家，激烈地反叛审美，这不只是俄国精神发展史上的一个阶段，而是更近似于一个凸透镜，把在知识分子意识中始终闪耀的野蛮的圣像破坏运动的光线汇聚于一个亮点。审美是不需要的和危险的奢侈，艺术仅作为道德说教的外部形式才可容许——亦即可容许的恰好不是纯艺术，而是对它的片面歪曲。这种信念在几十年间一直充斥于俄国进步的社会舆论之中，现在已羞于公开表现，但这种信念给俄国的全部精神生活投下了一片阴影。至于宗教价值，目前照习惯上确认，俄国知识分子具有深沉的宗教性，只是由于误会才未发觉这一点；但这种观点完全是建立在用词不当的基础上的。词语之争是无益而枯燥的。如果宗教性是指这样一种狂热，它是对所喜爱之思想的热烈忠诚和向某种“固执观念”（idee fixe）的趋近，这种狂热一方面可使人做出自我牺牲和创立伟大功勋，另一方面则导致对一切生活前景的畸形歪曲和对一切不同意这种思想的人的不可容忍地斩尽杀绝——那么，俄国知识分子当然具有高度的宗教性。但宗教概念具有更确定的含义，它是这种随意的比喻用词法（不过，这种用法往往是不可避免的和有益的）所不能取代的。尽管关于宗教的观点多种多样,但宗教总意味着对绝对价值之实在性的信仰，对集存在之现实力量与精神之理想真理于一身的原理的承认。宗教思想正在于对最高价值的宇宙意义、超人意义之领悟，而一切认为理想只具有相对的人的意义的世界观，都将是非宗教的和反宗教的，无论与此相伴和由此引发的激情具有怎样的心理力量。如果说俄国知识分子的生活观是与理论主题与审美主题格格不入的和敌对的，那么，这种社会观更加疏远宗教序列的价值与内容。有谁热爱真或美，他就被怀疑漠视人民幸福，被斥责为为了虚幻利益和奢华游戏而忘却迫切需要；但谁若热爱上帝，则他就被当作人民的直接敌人。这不是那种简单的误解，这种误解仅仅是缺乏思想和目光短浅，由此强化了在历史上和理论上都站不住脚的关于一切宗教都具有永恒的内在“反动性”的信条。相反，此中暴露出两种宇宙观和处世态度之不可避免的、形而上学的分歧——宗教情绪和虚无主义情绪之间的一向不可调和的斗争，前者试图使人生接近于超人的绝对原则，为人生找到永恒的普遍的支点，后者则力图把“人性的，太人性的”因素永恒化和绝对化。关于宗教与反动之间有必然联系的信条是建立在思想偏见和历史无知基础上的幼稚错误，就随他去吧，但是，在下述判断——即对“天国”之爱会使人对“大地”及地上事物有全然不同的观点与态度——之中，却包含着无可争议的和十分重要的真理。宗教性是与认为地上的、人间的利益具有绝对意义的观点，与崇拜外部生活福祉的虚无主义和功利主义水火不容的。这里我们触及了俄国知识分子人生观的最深层的核心内容。

俄国知识分子之道德主义只是其虚无主义的表现和反映。当然，依照严格的逻辑，从虚无主义中只能推导出道德领域的虚无主义，亦即非道德主义，施蒂纳[2]完全不必以一部大部头著作向费尔巴哈及其弟子们解释这一逻辑结论。如果存在失去了一切内在意义，如果人的主观愿望是他在世界上的实践取向的唯一标准，那么人何苦要承认某种义务，那种简单的利己主义的生命享受和朴素自然的“及时行乐”岂不是人的合法权利吗？我们的巴扎罗夫[3]的观点在逻辑上也是无可辩驳的，他拒绝为农夫的利益服务并表示对这样一种人间幸福全然漠不关心，这种幸福只有当他身上将“长出牛蒡”的时候才会到来。下面我们将看到，这一矛盾在俄国知识分子世界观的现实结果中明显表现出来。但是，如果我们在这点上做一次逻辑飞跃，如果我们在心理上从利己主义达到利他主义，从关心个人的“自我”达到关心大家或多数人的基本生活资料，或者换言之，如果我们在这里把理性证明代之以种族团结或社会团结的非理性本能，则俄国知识分子世界观的一切其他性质便都可以从它的虚无主义中十分清楚地推导出来。

由于虚无主义一般可以同人人遵守的和担负责任的信仰相结合，那么，只有道德主义才能成为这样的信仰。

我所说的虚无主义,是指否定或不承认绝对(客观)价值。一般说来，人的活动或者遵从对某种客观价值的追求（譬如可以是服务于科学真理、艺术之美或宗教信仰对象，或国家强盛、民族尊严等），或者遵从主观层次的动机，即追求满足个人（自己或他人）需要。一切信仰，无论其内容如何，都会创造相应的道德，亦即给信仰者提供一定的义务，决定在他的生命、活动、兴趣与动机中应当从善或从恶。以对客观价值的信仰和承认某一目的内在神圣性为基础的道德，在这一信仰方面，只是一种辅助手段，好比技术规则和良好生命的卫生。因此，虽然一切信徒的生活都服从于严格的道德，但这里的道德不具有自足性，只有中介意义；每一种道德要求都可以在他们的生命本身中得到证明且可以从生命终极目的中引发出来，因此，这种道德要求本身并不企望有神秘的和不容置疑的含义。只有当追求的客体是丧失了绝对价值的相对福利，即满足主观的人的需要之时，道德（由于某种逻辑上不合理的，但心理上不可避免的思想过程）才被绝对化并成为一切实践世界观的基础。

在何处人将“自我”的直接动机服从于不是绝对价值或目的，而是本质上与此等价的（或毫无价值的）“你”的主观利益——即便是集体利益，那么，在那里，弃绝私利、克制欲望和自我牺牲就必然具有独立自在的绝对命令之性质，因为否则谁也不会去履行这些义务。这里被认作绝对价值的不是目的或理想，而是为它们服务本身；如果施蒂纳的问题——为什么“我”不如“你”有价值，应当为他牺牲？——仍然没有答案，那么作为对这种大胆的困惑的警告，道德实践就会使自己处于神秘的和不可动摇的自主性之中。这种思潮——其中道德不仅占据主导地位，而且对失去绝对价值之信仰的意识具有无限的专制权力——可称之为道德主义，正是这种虚无主义的道德主义构成了俄国知识分子世界观的本质。

俄国知识分子之信仰的象征是人民幸福，满足“多数人”的需要。对于他们来说，服务于这一目的是人最高的和唯一的义务，而高于此者的东西则来自魔鬼。正因为如此，他们不仅否定或不接受其他价值，而且憎恨这些价值并直接与此做斗争。正如高尔基已公开声言的，不可能同时侍奉两个上帝，既然上帝“是人民”，那么其他诸神就只是伪上帝、偶像或魔鬼。由对科学与艺术之爱所主导的活动，为真正意义上的宗教之光（即与上帝交流）所照亮的人生——这一切都背离了为人民服务，削弱或消灭了道德热情，从俄国知识分子信仰的观点看意味着危险的追逐幽灵。所以，这一切都被加以拒斥，部分是作为愚昧或“迷信”，部分是作为无道德的意向。这当然不是说俄国知识分子事实上不具有科学的、审美的和宗教的兴趣与体验。精神及其基本需要是不能抹杀的，把自己的灵魂穿上“知识分子”制服的活生生的人，自然还保留着人所固有的一切情感，但这些情感在俄国知识分子心灵中更近似于军人心里对敌人的怜悯，或严肃的科学思想家意识中的自由想象：是一种虽根深蒂固却不合法的弱点，至多是某种无可奈何。科学的、审美的、宗教的体验在此总属于个人的私生活；较为宽宏大量的人把这些视为奢侈，视为闲来游戏；不太宽容的人谴责他人的这些体验，自己则羞于表露。但俄国知识分子，亦即具有自觉信仰和从事社会活动的知识分子，却排斥这些体验——他们的世界观、他们的思想是与人生的这些方面相敌对的。他们只从科学中接受某些被通俗化和曲解的，或专门为此发明的原理，虽然也往往甚至为自己信仰的“科学性”而自豪，但却愤怒地拒绝科学批判和一切纯粹的、无关利害的科学思想工作；而审美与宗教更是他们全然不需要的。这一切——无论纯科学、艺术或宗教，皆与道德主义、与为人民服务不相容；这一切都是以对客观价值的爱为基础的，因而是为俄国知识分子信奉的功利主义信仰所不具备的，甚至是互相敌视的。服务于世俗需要的宗教与服务于理想价值的宗教在这里发生冲突，无论这两者在作为普通人的知识分子的内心中进行着如何复杂多样的非理性的心理交融如何复杂多样，这种冲突在知识分子意识之域必将导致为道德信仰的价值与纯洁性而完全消灭和排除理想需要。

虚无主义的道德主义是俄国知识分子精神面貌的最基本的和最深刻的特点：从对客观价值的否定生发

出对他人（人民）主观利益的神圣化，由此就应当承认人的最高的和唯一的任务就是为人民服务，而同样由此产生对阻碍或仅仅是不促进这一任务之实现的一切事物的禁欲主义的憎恨。生命没有任何客观的、内在的意义；生命中的唯一幸福是物质充裕和主观需要的满足；因此人应当做的只是把自己的全部力量献给大多数人的命运之改善，拒绝这一点的一切人与事都是恶，都应当无情地消灭——这就是俄国知识分子的一切行为和评价所遵循的古怪的推理链条，它在逻辑上缺乏根据，在心理上却是紧紧衔接的。既是虚无主义又是道德主义，既无宗教信仰又有过分严苛的道德要求，既在形而上学意义上无原则（因为虚无主义也是对善恶之客观差别与原则评价的否定）又在遵守经验原则（实际上是遵守有条件的、无原则的要求）上极端严厉地主张真诚——这两种对抗的内容被牢固地融合成一股强大的心理力量，这种独特的、在理性上难以把握的融合，也就是我们称之为虚无主义的道德主义这一思潮。

二

从这种思潮发源或与此相联系，还有俄国知识分子世界观的其他一些特点，首先是这样一个重要情况，俄国知识分子没有，甚至在某些方面敌视确切和严格意义上的文化概念。这个判断可能显得不正确：因为谁在大谈对文化的渴望？大谈俄国生活的落后？莫过于俄国知识分子。但这里的问题不在言辞上，而在于概念和现实评价中。那种有机地扎根于有学识的欧洲人意识中的纯粹的文化概念，对俄国人来说是非亲生的、不亲近的、不贴心的。作为自我价值的生命之内外条件的客观发展，物质与精神生产力的提高，交往的政治形式、社会形式与日常生活形式的完善，道德、宗教、科学、艺术的进步，一言以蔽之，把集体存在提高到客观上的高水平这种多方位的工作——这就是鼓舞着欧洲人的、对人心影响强烈的文化概念。这一概念也是完全建立在对客观价值的信仰和服务之基础上的，这种意义上的文化可以被定义为在社会－历史生活中所实现的客观价值的总和。从这种观点看，文化不是为某人的幸福或利益而存在，而是只为其本身而存在；文化创造意味着人的本质的完善和理想价值的实现，这也正是人的活动的最高的和独立自在的目的。相反，我们通常所理解的文化完全具有功利主义印迹。当我们说到文化之时，所指的或是铁路、公路和下水道，或是人民教育的发展，或是政治机制的完善，我们能想象的总是某种有益的、实现另一种目的即满足主观生活需要的手段。但对文化的极端功利主义的评价是与纯粹的文化观念不能相容的，正如对科学和艺术的极端功利主义的评价会破坏科学与艺术的本质一样。正是这种纯粹的文化概念在俄国知识分子思想中毫无地位，他们对这一概念有一种心理的疏离和形而上学的敌视。我们全部生活的精神贫乏使我们这里不可能产生和巩固对文化直接的爱，而仿佛遏制了文化的本能，产生了一种对文化思想的免疫；这同虚无主义的伦理主义一样酿成了对文化的敌视，视之为形而上学意义上的敌对者。由于俄国知识分子一般地无法领悟纯粹的文化概念，因此他们深深厌恶这一概念。他们本能地嗅出它是自己世界观的敌人；文化对他们来说是不需要的和道德上不能容忍的贵族习气；他们不能珍视文化由以构成的任何客观价值。反对文化的斗争是俄国知识分子的典型特点之一；平民化的崇拜不是托尔斯泰的专有思想，而是知识分子思想的某种共同属性，它发源于虚无主义的伦理主义。我们历史上、日常生活上对文化的不习惯与知识分子世界观对文化思想的厌弃在心理上打成一片，共同造成了我们的全部生活的长久的低文化水平。[①]

如果我们把这一特有的反文化趋向再加上如上所述的虚无主义的道德主义特点，就会得到传统知识分子世界观的较为全面的图式，对此最适当的表征是民粹主义。“民粹主义”概念将上述精神气质的三个基本特征联为一体，即虚无主义的功利主义，它否认一切绝对价值，把为“多数人”（或人民）主观物质利益服务当作唯一的道德目的；道德主义，它要求个人严格的自我牺牲和私人利益（虽然是最高的和最纯粹的）对社会服务事业的绝对服从；最后，反文化倾向，企图把所有人都变成“工人”，为了在实现道德要求中的普遍平等和团结而把最高需要压缩到最小极限。这种意义上的民粹主义不是一定的社会政治流派，而

---

① 关于俄国的所谓“文化工作者”，我将在下面论及。

是一种广泛的精神潮流，集各种各样的社会政治理论和纲领于一身。仿佛马克思主义在和民粹主义斗争；的确，随着马克思主义的出现，第一次出现了俄国知识分子意识中所没有的尊重文化、尊重生产力（物质的和精神的）之提高的主题，第一次注意到道德问题不是包罗万象的，甚至在一定意义上是从属于文化问题的，对生命之高级形式的弃绝永远是恶，而不是善。但这些内容没有能够长期主导俄国知识分子的思想，所向无敌的压倒一切的民粹主义精神吞噬和同化了马克思主义理论。如今自觉的民粹派与信奉马克思主义的民粹派之间的区别至多只在于政治纲领和社会学理论的不同，而全然不具有原则性的文化哲学分歧的意义。俄国知识分子就其伦理本质而言，从大约 70 年代至今都是顽固不化的民粹主义者：他们的上帝是人民，他们的唯一目的是多数人的幸福，他们的道德是为这一目的服务，伴之以禁欲主义的自制和对自我价值的精神需要的憎恶或鄙视。俄国知识分子在几十年间一直不可侵犯地保持着这种民粹主义的灵魂，虽然他们信奉过各种不同的政治和社会理论；直至今日，民粹主义依然是俄国知识分子那无所不包且不可动摇的生活纲领，他们虔诚地保护它不受诱惑和损害，把这一纲领的履行看作是自己唯一合理的生命意义，并为其纯洁性而谴责他人。

但是这种民粹主义精神在俄国知识分子的历史中表现出两种截然不同的形式——直接的利他主义的为人民需要服务和人民幸福之绝对可实现的宗教。这种区别可以说是共同的民粹主义伦理学中的“爱邻人”和“爱远人”之间的区别。应当直说：现在几乎被忘却的、已十分罕见的，至少是不再为社会所关注的那类所谓“文化工作者”，亦即在理想动机的激励下“到民间去”，以便以自己的知识和爱帮助农民，满足其眼前的迫切需要——这种类型的人是我们民粹主义的最高的、最纯粹的和有道德价值的成果。称这些人为“文化活动家”本身是一种误解，如果说他们把普及人民教育作为根本点列入自己的活动纲领之中，那么在这里，正如在民粹主义的各种类型中一样，对文化的理解则完全是功利主义的。鼓舞他们的不是对纯知识的爱，而是对人的活生生的爱，人民教育仅仅被看作是提高人民福利的手段。减轻人民的各种形式的和日日表现的贫困，是这些大公无私的实践爱心的人们的生活使命。这一运动中有许多可笑的、天真的、片面的，甚至在理论和道德上是错误的东西。“文化工作者”具备一般民粹主义者所固有的一切错误与片面性；他常常到民间去，为的是仿佛以自己的活动来为自己的“罪孽”忏悔和祷告，因为自己从前参加了社会生活的更高级的文化形式；他与人民的交往多少有一点与农夫的自然状态打成一片的性质，因为他相信，这种自然状态是人类存在的一般形式；他醉心于自己的使命，又像僧侣一样指责一切对更遥远更广泛的目的的追求是虚幻的。认为这一切都可由一种东西来抵偿，就是对人的真切的爱的情感。这种“文化工作者”的道德体现了民粹主义道德中的一切积极成果；它仿佛吸收和发展了民粹主义的生命之根——利他主义。这种人也许还单个地分散于俄国各地；但由他们所创立的社会道德流派，则早已消耗殆尽，被民粹主义者的另一个变种所排除或歪曲和吞没，这就是人民幸福之绝对可实现的宗教。我们所说的是战斗的民粹主义，它以革命的社会主义的形式在近几十年的社会生活中起着无比重大的作用。为理解这种极其强大的、可以说是现代俄国文化所注定的民粹主义形式，需要考察一下这样一些精神之路，俄国知识分子思潮的道德源泉通过这些道路而流入了社会主义和革命主义的河道。

三

俄国知识分子的虚无主义的道德主义或功利主义不仅是一种伦理学说或道德思潮，它不仅仅是为人民利益服务之道德义务法令；它在心理上同这样一种思想或信仰合为一体，即相信道德努力的目标——人民幸福——能够实现，而且是以绝对形式实现。这种信仰在心理上确实类似于宗教信仰，而且在无神论知识分子意识中取代了真正的宗教。正是在此表明，拒绝一切宗教和形而上学的知识分子，实际上完全处于某种社会形而上学的统治之下，这种社会形而上学较之他们所宣传的道德世界观更加与他们的哲学虚无主义相矛盾。如果世界是杂乱无章的，仅受盲目的物质力量支配，那么怎么可能希望历史发展必然走向理性王国并实现人间天堂？如何想象这个“国中之国”，这种处于盲目与不合理的自然力量之中的令人陶醉的理性力量，这个存在于与人、人的意愿和祸福毫不相干的宇宙力量的混乱冲突中的人间幸福的宁静天堂？然而对全人类幸福之渴望、对道德理想之形而上学证明的需要是如此强大，以至于这种困难竟没有被发现，无神论的唯物主义与对世界未来和谐的坚定信念安然结合起来；在大多数俄国知识分子所宣扬的所谓“科学社会主义”中，这种形而上学的乐观主义甚至被认为可以得到“科学证明”。这种“进步论”之根源事实上可以追溯到卢梭和18世纪的理性乐观主义。现代的理性乐观主义像卢梭一样相信，人类生活的一切不幸与缺陷都产生于个别人或阶级的错误或恶行。人类幸福的自然条件在实际上总是具备的；为建立人间王国，只需消除强暴者的不公正或大多数被压迫者的愚昧无知。这样，社会乐观主义是以机械的理性主义幸福理论为基础的。依此观点，人类幸福问题是外在的社会制度问题；又由于幸福要以物质财富来保障，因此也就是分配问题。为了保证人类幸福，就应当从少数不公正的占有财富者手中剥夺这些财富，并永远消除他们占有财富的条件。就是这个简单而强有力的思想过程，它把虚无主义的伦理主义与社会主义的宗教合为一体。谁若一旦受到这一乐观主义信仰的诱惑，他就已经不会再满足于那种日日为人民的切近需要进行直接的利他主义的服务了；他就会醉心于人民幸福可完全实现的理想，与这一理想相比，简单的个人相助、减轻人民当前的痛苦与不安，不仅黯然失色，失去了道德吸引力，这甚至仿佛是为了一些微小而无益的关怀而浪费时间和精力的举动，是为少数切近的人而背叛了全人类及其永恒拯救的行为。的确，战斗的社会主义民粹派不仅排斥，而且在道德上污蔑利他主义民粹派，认为后者所做的是肤浅的、廉价的“慈善事业”。社会主义民粹派自恃把握了人类普遍拯救的简单而正确的钥匙，因而就不能不藐视和指责那种日常的无止境的直接利他主义活动。这种态度在俄国知识分子中相当流行而且相当强烈，以至于大部分“文化工作者”羞于公开承认自己活动的简单的现实意义，并援引这一活动对全人类之共同事业的益处作为辩护。

社会主义信仰的理论基础也是这种功利主义的利他主义——追求邻人的幸福；但关于遥远将来的绝对幸福的抽象理想，却扼杀了人对人的具体道德关系，以及这样一种活的情感，它是对切近的当代人及其当前需要的爱。社会主义者不是利他主义者，他当然也追求人类幸福，但他所爱的已非活生生的人，而是自己的思想，亦即全人类幸福的思想。他为这一思想而牺牲自己，也毫不犹豫地为此而牺牲他人。他把自己的同时代人一方面看作是世界之恶的牺牲品，他梦想着消除这种恶；另一方面看作是世界之恶的罪魁祸首。他同情前一类人，但不能直接帮助他们，因为他的活动应当只造福于他们的遥远后代；所以他在对待前一类人方面没有任何积极有效的激情；他憎恨后一类人并把同他们作斗争视为自己活动的迫切任务和实现自己理想的基本手段。这种对人民敌人的憎恨情感也构成他生活的具体而有效的心理基础。就这样，从对未来人类的巨大的爱中产生了对人的巨大的恨，建立人间天堂的激情变成了破坏的激情，具有信仰的民粹派社会主义者变成了革命者。

这里必须做一点补充说明，我们在说到革命性是俄国知识分子思潮的典型特点的时候，不是指他们对政治革命的参与，不是指他们的政治面目，而是特指他们的道德－社会世界观。世界观上不是革命者也可以参加革命，相反，原则上是革命者，却可能在目标和策略的构想上拒绝革命行动的必要性和适时性。致力于改造现存制度之目标的革命的实践活动是政治层次的现象，完全不在我们的论题范围内，我们这里所说的革命性只在原则性的革命主义这一意义上，它是指这样一种信念：社会斗争和对现存社会形式的暴力破坏是实现道德社会理想的基本的、内在必然的方式。这一信念作为基本方面进入社会主义民粹派的世界观，并在其中起着宗教信条的作用。不看到这一信条，而且不理解它与俄国知识分子之“信经”的其他方面的联系，就不可能理解俄国知识分子的道德生活。

作为革命主义之基础的理由，也构成了社会主义信仰的动力，这就是社会乐观主义及以此为根据的机械理性主义幸福论。依据这一理论，如前所述，人类幸福的内在条件总是具备的，而妨碍人间天堂之建立的原因不在人的内部，而在人之外——在于他的社会状况，在于社会机制的不完善。由于这是外部原因，因此只能用外部的、机械的手段来消除。这样，建设人间幸福的艰苦工作从这种观点看，实际上就不是本来意义上的建设性或创造性的事业，而在于消除和消灭障碍，也就是破坏。这一理论——顺便指出，它通常不被明确表达出来，却作为潜意识的、自明的、默认的真理活在头脑中——的前提是，和谐的生活制度仿佛是一种自然状态，一旦消除了那些妨碍通往此境的条件，这种和谐就会自然而然地建立起来，进步本身不要求任何创造或积极的建设，而只要求破坏，破坏对立的外部障碍。巴枯宁说“破坏的激情同时也就是创造的激情”；但定语“同时”早已被从这一格言中取消了——于是破坏不仅被认为是创造的手段之一，而是完全被等同于创造，或者确切地说，完全占据了创造的地位。这里我们所面对的正是这样一种对卢梭主义的响应，它使罗伯斯庇尔产生这样一种信念：只要无情地消灭祖国的敌人就可以建立起理性王国。革命的社会主义也充满这种信念。为了建立理想的制度，应当“剥夺剥夺者”，而为此则要取得“无产阶级专政”，又为此要消灭这样或那样的政治障碍和一般的外部障碍。这样，革命主义只是对破坏的价值所进行的形而上学的绝对化反映。俄国知识分子的全部政治的和社会的激进主义，他们视政治斗争并且是最激烈方式的政治斗争——密谋、暴动、恐怖等——为通往人民幸福的最切近、最重要之路这一倾向，完全来自这样一种信仰，即斗争、消灭敌人、对旧社会制度暴力的、机械的破坏本身，就能保证社会理想的实现。这从机械的理性主义幸福论观点看是完全自然的，且合乎逻辑。机械力学不懂得本来意义上的创新。人在自然物体与力方面所能做的唯一的东西，就是使它们达到另一种对人有利的分配，并破坏对人有害的物质与力的组合。如果把人类文化问题看作是机械力学问题，那么，这里我们所能做的只有两个任务——破坏旧的、有害的形式，并将这些成分重新分配，建立新的、有益的组合。然而，必须有对人类生活的另一种完全不同的理解，才能认识文化领域的这种机械论方法是站不住脚的，才能诉诸新的原则——创造性建设的原则。

破坏的心理动机和伴随物永远是憎恨，而且它在俄国知识分子的心理生活中已达到了如此程度，以至于破坏掩盖了其他的活动形式，憎恨占据了其他动机的位置。我们在另一场合已经指出，民粹派革命者起主要作用的激情是对人民敌人的憎恨。我们说这些不是为了“羞辱”知识分子或为此对他们进行道德谴责。俄国知识分子在其本性上，在大多情况下都是温和多情的人，如果憎恨在他们灵魂中巩固起来，那么原因不是他们个性的缺陷，这根本就不是个人的或利己主义的憎恨。俄国知识分子的信仰使他们有憎恨的责任；憎恨在他们生活中起着深刻的和充满激情的伦理动机的作用，因此这种憎恨在主观上不能归咎于他们。不仅如此，从客观的观点看也应当承认，这种受伦理动机驱使的憎恨的情感也往往是有道德价值和社会益处的。但若不是从狭义的道德主义观点，而从更广泛的哲学观点出发，则应当承认，当憎恨固守于精神生活的中心，并吞噬了它由以产生的爱的时候，就会发生有害的、反常的道德人格的堕落。我们再次强调，憎恨是与破坏相符合的，是破坏的推动者，正如爱是创造和巩固的推动者一样。破坏力在人类生活的经济学中有时也是需要的，可以为创造目的服务；但是用破坏取代一切创造，用反和谐的憎恨的因素排挤一切具有使社会和谐作用的激情，则是对道德生活合理的力量关系的扭曲。没有积累就不能消费；没有相抗衡的向心力的发展，就不应发展离心力；没有创造来为破坏辩护，不把破坏局限于为创造所确实需要的狭窄界限之内，就不应专注于破坏；不使作为附属物的憎恨从属于有效的爱的情感，就不应该有憎恨。

人类生活也像宇宙生活一样，贯穿着斗争因素。斗争仿佛是人类活动的内在形式，无论人追求什么，创造什么，他都会处处碰到障碍，遭遇敌人，不得不经常换犁和镰为剑与矛。然而，在创造的劳动与斗争活动之间，在生产与军事活动之间，仍具有根本区别；只有前者有自身价值并带来真正的成果，而后者只是为了前者和用前者来证明自己的时候才是需要的。这种相互关系适合于人类生活的全部领域。对外战争是为了保证国家生活的自由与成就所需要的，但当战争妨碍了社会从事生产劳动时，社会就会灭亡；内战——革命——永远只能是必要的恶，不可能长期阻碍社会合作而对社会无害；当文学、艺术、科学、宗教中与异己观点的斗争取代了新思想的独立创造之时，这些文化形式本身也会蜕化变质；当道德生活中的批评、指责、愤怒的否定力量开始战胜友爱、赞扬、认同的积极因素时，道德就会消亡；无论在哪里，斗争即使是必要的，也不直接是人类活动的生产形式，不是善，而是不可避免的恶，如果它取代了真正的生产劳动，则将导致相应的生活领域的贫困和衰落。生产和战争仿佛是人类生活中向来就有的两类原则的象征，两者之间后者服从前者的合理关系永远是进步、物质与精神财富之积累的条件，是人类生活的真正成就的条件。综上所述，我们现在可以说：革命主义的基本的道德-哲学错误就是把斗争原则绝对化并因而忽视了最高的、普遍的生产原则。

如果说在人类活动的两个领域——破坏与建设，或斗争与生产劳动之中，俄国知识分子完全献身于前者，那么，在获得社会财富（物质的和精神的）的两种基本形式——分配和生产之中，他们也只承认前者。和斗争或破坏一样，分配作为现成要素的机械位移，也是同创新意义上的生产相对立的。俄国社会主义也是这样一种世界观，其中分配的思想取代了生产的思想。当然，作为社会政治纲领的社会主义，要求对经济生活的一切方面都进行改造；它反对这样一种意见，即认为社会主义的愿望只是剥夺有产者的财产并将其分给无产者。这种意见确实包含着对作为社会学或经济学理论的社会主义的简单化歪曲；然而它却十分确切地传达了社会主义的社会道德精神。经济组织理论仅仅是社会主义的技术；社会主义的灵魂是分配的理想，它的终极愿望的确是剥夺一些人的财产并将其分给另一些人，社会主义的道德热情集中于分配公正思想并仅限于此；这种道德的根源也在于机械的理性主义幸福论，即确信幸福的条件无须创造，只要把这些条件从那些为自己的利益而非法占有它们的人手中夺回或收回即可。社会主义的信念并不是把分配原则片面神化的根源，相反，社会主义信念本身正是以这一分配原则为依据的，仿佛是机械伦理学的形而上学之树上结出的社会学果实。对依靠生产的分配的过高估价不仅限于物质财富领域；只是在这一领域表现得最明显且具有最重要的意义，因为功利主义伦理学一般把物质保障看作是人类制度的基本问题。但重要的是指出，这种倾向统治着俄国知识分子的全部世界观。在生活的一切领域内，生产都被看得低于分配；知识分子也像很少关心物质生产一样，很少关心精神生产和理想价值的积累；科学、文学、艺术及一般文化的发展对他们来说远不如现成的精神财富在大众中的分配更为可贵。所谓“文化活动”正是指文化财富的分配，而不是创造，而文化活动者的荣誉称号在我们这里不是赋予文化创造者——科学家、艺术家、发明家、哲学家，而是赋予那种把别人的创造成果一块一块分给大众的人，那些从事教育、普及、宣传的人。

在评价这一流派时，有必要换一种说法重讲一遍我们刚才说过的斗争与生产劳动的关系。毫无疑问，分配是社会生活的必要功能，生活财富和负担的公平分配是合理的必要的道德原则。但是把分配绝对化并因而忘却生产或创造，则是哲学上的错误和道德上的罪孽。要分配必须首先有物可分，为了有物可分就应当创造、生产。没有合理的新陈代谢，机体就不能生存，但须知机体之生存终究不是靠代谢本身，而是靠必需的营养物质，这些物质应当从某处供应给机体，这一原理也适合于社会机体，它也有自己的物质需要和精神需要。社会主义民粹派的精神是为分配而轻视生产——不仅是完全忽略，甚至还是直接敌对——这种精神最终消耗了人民的精力，使人民永远处于物质与精神的贫困之境。社会主义的俄国知识分子，由于耗费大量精力于非生产活动，即遵循分配思想所进行的政治斗争，而不参加人民财富的创造，因此在形而上学意义上仍然是徒劳无益的，尽管其意愿之难能可贵，却仍然是人民机体上的寄生物。现在到了应当明白的时候了，我们的生活不仅是不公正的，而且首先是不幸和贫乏的；如果把思想仅专注于贫困者所拥有的几文钱的公平分配,那么贫困者是不能富裕起来的;所谓“国家富裕”与“人民富足”的区别，亦即财富积累与人民对财富的获得之间的区别，只对于真正富裕的国家才有现实的和本质的意义，因此，如果说提醒人们国家富裕本身尚不能保证人民富足，这有时是适当的，那么对于我们来说，更为重要的是记住另一个简单而明显的真理：在国家富裕之外的人民富足是不可思议的。现在已经到了在民族文化的全部经济中缩减那些中介人、传递者、看守人、管理者和各种分配者的数量而增加真正的生产者的数量的时候了。一句话，到了从分配和为分配而斗争，过渡到创造文化、创造财富的时候了。

四

为了创造财富，需要热爱财富。财富概念我们在这里不是仅用作物质财富的含义，而是更广泛的哲学含义，在这个意义上，财富概念既包括占有物质财富，也包括掌握精神财富，或确切地说，这里物质保障只是精神力量和精神生产力的附属物和象征性标志。这个意义上，形而上学的财富观念，是与作为历史生活中所实现的思想价值总和的文化概念相符合的。由此可见，俄国知识分子为斗争和分配的原则而忘却生产的原则，这不是理论错误，不仅仅是对实现人民幸福之路的不正确估计，而是以道德的或宗教哲学的错误为根据的。这种忘却归根结底来自虚无主义的伦理主义，来自不承认绝对价值和对建立在绝对价值基础上的文化观念的反感。这样，在虚无主义的伦理主义中又出现了一个新的奇异的思想色调。

俄国知识分子不爱财富。他们首先不珍爱精神财富、文化，不珍爱人类精神的这样一种思想力量和创造活动，而正是这种力量和活动使人把握世界，使世界人化，使人能以科学、艺术、宗教和道德价值来丰富自己的生活；更为突出的是，俄国知识分子本能地意识到了物质财富与一般文化观念的象征性的联系，而把对精神财富的不爱推广到了物质财富之上，知识分子爱的只是财富的公平分配，而不是财富本身；更确切地说，他们甚至憎恨和害怕财富。在他们的心灵中，对穷人的爱变成了对贫穷的爱。他们梦想着供养一切穷人，但其最深的潜意识的形而上学本能却反对在世界上普及真正的富裕。“只有一个阶级的人比富人更自私自利，这就是穷人”——奥斯卡·王尔德在自己的一篇杰出论文《社会主义与人的灵魂》中说。相反，在俄国知识分子的内心有这样一个秘密角落，在这里悄声而又庄严和坚定地发出恰好相反的声音：“只有一种状态比贫穷更坏，这就是富有。”谁善于理会言外之意，就不难发现在俄国知识分子的事业和思想中的这种情绪。在这种内在矛盾的情绪中有这样一种现象，可称之为俄国知识分子世界观的基本悖论：把虚无主义和道德主义这两种互不相容的原则编织为一个整体。俄国知识分子的虚无主义将其引向功利主义，使其把物质利益的满足看作是唯一真正需要的和实在的事业；而道德主义则使其倾向于拒绝需要的满足，使生活平民化，以禁欲主义精神否定财富。这一矛盾往往被如此回避：不同的动机分散于不同的领域；当财富未成为普遍财富时，禁欲主义就成为个人生活的理想，并依靠不容许个人享受生活财富这一道德主义观念而得到证明，然而最终的、也可以说是原则性的理想仍然是财富和需要的最广泛满足。大部分知识分子所自觉信奉和宣传的正是这样一种个人禁欲主义同普遍功利主义的理性结合。看来这也构成俄国知识分子世界观体系的合理的出发前提。但这当然不能消除我们所说的虚无主义同道德主义之间的逻辑矛盾，而只是回避了矛盾；归根结底，虚无主义和道德主义这两种原则的每一个都包含着某种自足的、第一位的动机，因此它自然要求完全占据意识并挤掉对立的动机。如果世界上没有人人应当遵守的价值，而是一切都是相对的、有条件的，一切都取决于人的需要、人对幸福与享乐的渴求，那么为什么我应当拒绝我个人需要的满足？这就是虚无主义的论据，它可以摧毁道德主义原则。这一倾向在文学上体现在巴扎罗夫式的（狭义的）虚无主义之中，在生活中则广泛地体现在当今的“萨宁分子”、庸俗化的“尼采分子”（当然与尼采没有任何共同之处，更确切地说可称作“施蒂纳分子”）、“剥夺者分子”等现象之中。

但是，俄国知识分子的阶级类型又无疑倾向于相反的方面——以道德主义取代虚无主义，亦即把禁欲主义从得到功利主义证明的个人实践变成一种普遍的道德情感。这种倾向自觉地表现在短暂的托尔斯泰主义时期，这也是自然而然的：因为禁欲主义作为一种自觉的教义，应具有宗教根据。但这种倾向可以说不自觉地存在于全部俄国知识分子的血液中。禁欲主义从个人实践领域逐步进入理论领域，或者，确切地说，成为虽缺乏根据却是普遍的和自足的信仰，成为一种普遍道德情感和决定一切实践评价的道德本能。俄国知识分子具有对简朴、清贫生活的积极热爱；作为社会的改革者，他们同时和首先是憎恶尘世浮华和世俗享乐、憎恶一切物质与精神奢侈、憎恶一切财富与稳固，以及一切力量与成效的僧侣。他们全身心地热爱弱者和穷人，不只是把他们作为不幸的人，要帮助这些人成为强者和富人，也就是将其作为一种社会的和精神的类型予以消灭，——他们热爱这些人正是因为他们将其作为理想类型的人。他们希望使人民富裕，却又惧怕财富，正如惧怕负担与罪恶的诱惑一样，他们相信，所有富人都是恶棍，而一切穷人都是好人、善人；他们追求“无产阶级专政”，梦想人民掌权，又害怕触及权力，认为权力是罪恶而一切掌权者都是暴虐之徒，他们想给人民以教育、精神财富和精神力量，但他们的灵魂深处却认为精神财富是奢侈，相信意念的纯洁能够抵偿和胜过一切知识与本领，他们所向往的是朴素无华、诚实无欺、天真无邪的生活理想；“最有福气的”小傻瓜依万努什卡[4]以朴实的诚心和圣洁的天真战胜了一切强大、富有和智慧的人——他是全俄罗斯的民族英雄，也是俄国知识分子的英雄。正因为如此，他们在物质领域也如在精神领域一样，看重的只是分配，而不是生产和积累，只是享用财富的平等，而不是拥有财富本身。他们的理想与其说是真正富裕和强盛的生活，莫如说是虽贫穷却纯朴无邪的生活。如果说，在对物质财富的评价上，禁欲主义是与功利主义相抵触的,这仿佛是一种不稳定的平衡态，那么相反，在对精神财富或一般文化思想的评价上，禁欲主义的自我克制则直接得到了无信仰的虚无主义和唯物主义的支持，禁欲主义和虚无主义这两种动机联合起来共同为否定文化的态度做论证，为野蛮做原则上的辩护，使其得以加强。

综上所述，我们可以把古典的俄国知识分子定义为尘世幸福之虚无主义宗教的战斗僧侣。如果说这些特征的组合包含矛盾，那么这是俄国知识分子灵魂的活的矛盾。首先，知识分子无论从情绪上还是从生活方式上都是僧侣。他们回避现实，脱离尘世，生活在真实的、历史的、日常的生活之外，处于幻觉的、梦想的、笃信宗教的世界。知识分子仿佛是一个独立国家，一个特殊的小世界，有自己严格而牢固的传统，自己的礼节和习惯，甚至有自己的文化；可以说，在俄国，除了在由俄国知识分子构成的全俄宗教修道院中，其他任何地方都没如此牢固稳定的传统，如此确定和严格的生活规范,对人和事态的评价如此绝对化，对团体精神如此忠诚。与这一僧侣特点相适应的是僧侣式的严酷的禁欲主义，对贫穷和简朴的赞扬，对一切浮华而罪恶的世俗生活之诱惑的逃避。但是，隐遁于自己的修道院中的俄国知识分子并不是对俗世漠不关心；相反，他们想要从自己的修道院里支配世界并在其中灌输自己的信仰；他们是战斗的僧侣，是僧侣革命者。俄国知识分子对政治的全部态度、他们的宗教狂热与偏执，他们在政治活动中的脱离实际和笨手笨脚，他们令人难以忍受的派别纠纷，他们的缺乏国家理性——所有这一切都来自他们的宗教僧侣精神，来自这样一种状况：对他们来说，政治活动的目的与其说是进行某种在世俗意义上客观有益的改革，不如说是消灭信仰的敌人并强行使世界皈依自己的信仰。最后，这一信仰的内容是建立在无宗教信仰基础上的对尘世物质幸福的神化。这支僧侣大军的一切振奋，其目标都是尘世的物质利益和需要，是建立温饱富足的人间天堂；一切先验的、彼岸的和真正宗教的东西，一切对绝对价值的信仰，对于他们来说都是直接的可憎的敌人。这个僧侣团带着对己对人的严酷的禁欲主义，带着对敌人和持异见者的狂热的恨，带着教派信仰所造就的残忍和由自己绝对正确的意识所造成的无限专制，致力于满足尘世的、过于“人性的”对“唯一食粮”的关心。全部禁欲主义、全部宗教热情，一切自我牺牲的力量和牺牲他人的决心——这一切都是为实现主观的、相对的和暂时的利益服务的，只有虚无主义和无宗教信仰的唯物主义才可能承认这种利益。世俗事业和需要本身在这里成为宗教服务的对象，被按照由形而上学信条和不可改变的修道院规章所预先决定的普遍方案来完成。一小撮异于尘世和鄙视尘世的僧侣向尘世宣战，为的是以暴力造福于尘世，满足尘世的物质需要。

五

当然，传统俄国知识分子思潮中所存积下来的这种矛盾、所隐含着的这种对抗性动机的分歧，迟早会表现出来，并通过互相排斥的力量使这种思潮土崩瓦解。这种情况确实发生了，当知识分子在活生生的现实中，考验自己的信仰的时候。近年来的社会运动，其命运的最深刻的文化哲学意义就在于，它揭露了俄国知识分子的世界观及其全部精神气质的不可靠性。当弱小的地下教派公开出现于上帝的世界，获得了众多的追随者并曾一度有广泛的思想影响和强大的现实力量的时候，俄国知识分子信仰的盲目性和矛盾性就显现出来了。于是首先暴露出：僧侣式的禁欲主义和宗教狂热，僧侣式的孤僻与愤世嫉俗，是和现实的社会创造不相容的。这是问题的一个方面，已在一定程度上为社会舆论所察觉。另一个更重要的方面至今尚未得到应有的评价。那就是，在道德主义和虚无主义之间、在知识分子信仰应普遍遵守的宗教绝对性质和这一信仰那虚无主义的、无原则的内容之间的矛盾。因为这一矛盾全然不是仅有理论意义或抽象意义，而是具有现实的、致命的后果。对真正人人应当遵守的绝对价值的不承认，对大多数人的物质利益的崇拜，为暴力高于法律提供了根据，也为关于阶级斗争和“无产阶级的阶级利益”至高无上这一信条提供了根据，这在实践上就等于把党派的利益加以神圣偶像化；由此产生了一种无原则的、“霍屯督人[5]的”道德，这种道德不是从客观上和本质上评价事物和思想，而是看这些事物和思想对党派的利害关系；由此还产生了在对待右派和左派恐怖、对待黑色和红色暴力的态度上的奇怪的、道德上不能容许的前后不一致性，还有不仅根本不能公正客观地对待敌对方，而且在原则上否定以公正客观的态度对待敌对方。[①] 不仅如此，一旦

① 已故作家埃尔杰尔（А. И. Э́ртель）在自己 1892 年的一封私人通信（不久前发表）中，早已十分透彻地指出了俄国知识分子的这种无原则性：“任何抗议，如果想要富有成效，都应当……出自抗议者自身的哲学 - 宗教信念。我们的抗议者大部分人自己并不知道，为什么政权的无礼、暴力和任性令他们愤怒，因为他们在一个场合为此而愤怒，在另一个场合却因同样的缘故而兴奋，这后一个场合只不过是把波别多诺斯

党派的队伍由于事业的失败或由于许多成员的不守纪律、头脑简单而遭到破坏，俄国知识分子的这种无原则性就使得阶级的、党派的虚无主义变成个人的虚无主义，或简直就是流氓的强暴行为。近些年来文化史上的一个富有悲剧性的、从外部无可预料的事实是，主观上纯洁无瑕、大公无私、自我牺牲的社会信仰者，竟然不仅与那些强盗、自私的杀人犯、流氓和淫荡之徒为伍，而且与他们具有精神上的相近性，这个事实仍然是俄国知识分子信仰的内容本身，亦即它的虚无主义的逻辑后果；这一点必须公然不讳地承认，不是幸灾乐祸，而是带着深深的痛心。在这个事实中最可怕之处正是，俄国知识分子信仰的虚无主义自身仿佛不自觉地使犯罪和流氓行为合法化，使其可能穿上思想性和进步性的道袍。

两个事实，一方面是知识分子意识在接触现实生

（接上页）采夫换成了甘必大或另外的同类人……社会行为的基本动因的形成，应当与‘当前大众关注的事件’毫无关系，——这一动因不应取决于国家经济或政治的某些缺陷，而应取决于对自己个人使命的哲学-宗教理解。”（《А. И. 埃尔杰尔书信》，莫斯科，1909年，第294-295页。）

活力量时的毫无成果和软弱无力，另一方面是这种意识的某些道德劣根性，这些事实不会消逝无踪。确实，我们已经亲历了传统的知识分子精神的土崩瓦解；如上所述，俄国知识分子的完整（虽然有矛盾）的道德类型已经开始在我们眼前消失，只是以观念的形式存在，仿佛是对往昔的美好回忆；事实上它已失去了从前那样对人们头脑的完全控制，只是极其罕见地偶尔在如今的少年一代人中以纯粹形式表现出来。现在一切都混乱了；社会民主党人谈论上帝，研究美学，与“神秘论的无政府主义者”结盟，失去了对唯物主义的信仰，把马克思和马赫、尼采调和起来。神秘论社会主义通过工团主义而开始产生一定影响;“阶级利益”通过某种方式同“性问题”和颓废派诗学结合起来，只有少数老一辈70年代经典民粹派的代表仍然惨淡而徒劳地徘徊于不同语言与信仰的花哨混淆之间，他们已是那种曾兴盛一时、但如今已毫无成效和走向衰落的文化类型的最后遗老。对旧的俄国知识分子意识的这种危机无可惊异，更无须为此悲哀，相反，应当惊异的是，这种意识消退得如此缓慢而不自觉，更像是不由自主的身体疾病，而不是自觉的文化哲学改革；更有理由惋惜的是，虽然旧的信仰的破坏已取得成就，但新的观念和理想的形成还相当脆弱不定，因此目前尚看不到危机的结束。

为了加速这一痛苦的过渡状态，必须做一件事，就是自觉地弄清占统治地位的思想所依据的那些道德的和宗教哲学的基础。为了理解某种思想的错误性或片面性并找到改正之法，就应当尽可能充分地认识它的最后前提，仿佛触及它的最深根底一样。在这个意义上可以说，对道德和形而上学问题之缺乏兴趣，只把注意力集中于关于手段的技术问题，而不是关于终极目的和首要原因的原则问题，这就是造成思想混乱长期存在的根源。现代俄国社会运动的最鲜明特点(它在一定程度上也决定了这一运动的命运)，也许就是在哲学上缺乏深思熟虑和未达成协议。譬如，英国大革命和法国大革命，它们都是试图实现新的、独立思考出和创造出的哲学思想和价值，使人民生活走上通过政治思想的深刻而勇敢的探索而发现的前无古人的道路，——与这些历史运动不同，俄国的社会运动所遵循的是旧的、外来的动机和信仰，并且不是来自第一手资料，而是来自二手或三手。在俄国社会运动中缺乏独立的思想创造，这一运动具有哲学意义上的深刻保守性，这一事实如此之普遍被承认和无可置疑，以至于它甚至几乎未引起任何人的注意，并被认为是自然合理的。支配知识分子头脑的社会主义思想，完全是俄国知识分子毫无批判和检验地从西方百年思想动荡的结晶中借鉴的。社会主义思想的根源，一方面可以上溯到18世纪的个人主义的理性主义，另一方面可以上溯到由于对法国大革命之结果的失望而产生的反动的浪漫主义哲学。我们在信仰拉萨尔(Лассаль)和马克思时，实际上是在信仰卢梭和德·梅斯特（де Местр）、霍尔巴赫（Гольбах）和黑格尔、柏克和边沁所制定的价值和思想，是在吃18世纪和19世纪初的哲学餐桌上的剩饭。我们在接受这些可敬的、大多已年逾百岁的思想时，却全然没有自觉地研究我们世界观的这些思想根源，而是享用这些果实，甚至都没有提出这样的问题：这些果实是从哪棵树上摘下的，它们的被我们盲目信仰的价值是建立在什么基础上的。这种哲学上的缺乏思考的有代表性的表现是，在关于社会主义的一切表述中，俄国马克思的学说获得了对思想的绝对统治——这一体系尽管有广阔的科学理论内容，但它不仅缺乏任何哲学的和伦理的证明，而且在根本上拒斥这样的证明（当然，这并不妨碍它实际上是以唯物主义信仰和感觉主义信仰的某些粗糙的、无法验证的前提为根据的）。因为现在也还有对新价值的追求，有思想的创举，有对依靠自己独立思考的概念和信念建立生活的渴望，但这种活生生的精神战栗本能地回避生活大道，只囿居于孤立的个人；或者更坏的是，如果这种精神的战栗有时能够地成功地突破占统治地位的思想藩篱而引起关注，它却被肤浅地、在纯粹文学的意义上来领会，成为不提出任何要求的时髦话语，并与旧的思想传统和思维习惯畸形地纠缠在一起。

但是，这里应当记住尼采的那句充满热情的话："世界不是围绕着新的喧嚣的发明者运转，而是围绕着新价值的创造者运转！"尽管俄国知识分子的传统思潮有自己的缺点和矛盾，但是他们至今还有一个可贵的形式属性：他们一直在寻找信仰并力图把自己的生命从属于信仰。因此，他们现在面临着重估旧价值和创造性地掌握新价值的重大任务。当然，这一转折可能是有如此之决定性，以至于一旦完成，他们就根本不再是旧的、习惯意义上的俄国“知识分子”了。但这是好事！取代旧知识分子的，可能将是这样的新的“知识分子”，他们将清洗掉这个名词中积存的历史罪孽，原封不动地保留其好的意义。他们在中断了不久前的过去的传统之后，能够保持和加强更为深远的传统，越过70年代而向三四十年代伸出手，以新的形式复活那个时代的精神先驱们的探索中包含的永恒的和有绝对价值的东西。如果用一句简练的话来描述这一转折的应有状态，那么，我们就用这句积极肯定的话来结束这篇批判性的文章。我们应当从毫无成果的、反文化的虚无主义的伦理主义，转向创造文化的宗教人道主义。

译注

1　指那些主张反对道德、追求性解放、厌弃社会理想的人。因俄国作家阿尔志跋绥夫（М.П. Арцыба́шев，1878—1927）的长篇小说《萨宁》（1907 年出版）而得名。

2　施蒂纳（Max Stirner, 1806—1856）：德国哲学家，青年黑格尔派。主张个人主义和无政府主义，认为人都是利己主义者，利己主义是自我意识的本质。他在自己的《唯一者及其所有物》（1844）一书中批判了费尔巴哈关于人的学说。该书在俄国多次出版。

3　屠格涅夫小说《父与子》中的人物，虚无主义者的典型。他拒绝让自己为将来的人类幸福做出牺牲，因为到那时自己早已躺在“长出牛蒡”的墓地里。

4　小傻瓜依万努什卡（Иванушка-дурачок）：俄国民间童话故事人物。

5　霍屯督人（hottentot）：南部非洲原始部落。

关于知识分子青年

——日常生活与情绪侧记

亚·索·伊兹果耶夫／著

静纳／译

一

在巴黎我能相当贴近地观察到一个很好的俄国革命者家庭。丈夫毕业于医学院，不同于自己的多数俄国伙伴，他上课多并且认真，如法国教授所要求的那样。妻子是一位精力充沛的知识女性，果敢而有冲劲儿，她是那样一位俄国女性，说话决绝而不留情，令人忌惮。

他们是社会革命党人，他们的信念并不与行动分家，他们在革命期间证明了这一点：现在丈夫与妻子双双承受严酷的行政处罚。我在巴黎认识他们时，夫妇俩有一个十岁的男孩，活泼且聪明，深得两人喜爱。

他们把课余时间和在俄国侨民区（他们是那里数得着的人物）从事社会活动以外的空闲时间都给了儿子。父母为儿子的成长煞费苦心，用他们的理性主义、革命和社会主义观点培养儿子。大人们的一切谈话，男孩都在场，他在十岁时就已对俄国的沙皇制度、宪兵和革命者了如指掌。他常常介入大人们的谈话，言辞尖利、语出惊人，并看起来博得了父母喜欢。培养的结果是，男孩和父母“跟哥儿们一样”。当然，男孩所听到的关于上帝、宗教和神父之词仅仅是俄国知识分子中的寻常话语。

有那么一次，男孩父亲的一个发现令他十分震惊，并使他对儿子的看法来了一个大转弯儿。他看到，儿子在街上走到一位天主教神父跟前，吻了神父的手并领了祝福。父亲开始观察儿子。很快他发现，儿子借口与法国同伴玩耍，实则跑到天主教堂，在里面热烈地祷告。父亲决定与儿子摊牌。男孩在一番抵赖后全都说了。当被问到为什么偷偷摸摸做这一切时，男孩老老实实地承认，他不想让父母伤心。父母确实通情达理，没有强行根除男孩对天主教的好感。

我不知道这件事的结果怎样。在俄国，我只能通过报道的他们被迫迁移的路线，来关注这对夫妻的活动。他们的儿子后来怎样，我不得而知。我想，男孩幼稚的天主教信仰未必能在理性主义父母那令人头疼的分析下坚持多久，即便不在巴黎，那么大概以后在俄国，男孩会投入父辈的革命信仰。但也可能发生另外的情况……

我讲这件事只是作为一个鲜明的、尽管有些违背常理的证明，来说明俄国知识分子一个几乎普遍的事实：父母对子女没有影响。他们把孩子交给女仆和学校，关心孩子的“成长”与否，让孩子了解他们的世界观或者隐瞒，对孩子严厉或者“像伙伴一样”，诉诸权威与呵斥又或者用长篇大论的枯燥科学解释来折磨孩子——结果都一样。父母与子女没有建立起真正和真实的联系，我们甚至往往能观察到或多或少隐藏的敌意：儿童的心灵“反证式”地发展，远离父母的心灵。俄国知识分子无力建立自己的家庭传统，对建设自己的家庭力不从心。

在俄国，对缺乏“思想传承”的抱怨，正是在激进政论家口中众口一词。舍尔古诺夫[1]和《事业》杂志[2]的政论家怨恨“[19世纪]70年代人”不珍惜“60

年代人”的遗训。尼·康·米哈伊洛夫斯基对 80 年代人和后几代人“拒绝父辈遗产”痛心疾首。而这些拒绝遗产的孩子反过来也要为自己不肯承认思想传承的孩子感到愤慨。

在这些痛苦的抱怨中，激进政论家从来不能寻到根底、寻到家庭——缺乏家庭传统，俄国的知识分子家庭缺乏任何培养力量。尼·康·米哈伊洛夫斯基按老套的方式，主要用政府的迫害来解释父与子的断裂，他认为，这种迫害阻碍了前几代人的事业向子女那里传递。不用说这种解释有多么肤浅。

在 M.A. 奇列诺夫编外讲师不久前公布的《莫斯科大学生性调查》中，有一些关于俄国大学生家庭关系的有趣材料。多数被调查的学生属于知识分子家庭(六成人的父亲有中等以上学历）。在调查中至少有一半学生确认，他们与家庭缺乏任何精神联系。而在进一步的调查中得知，即使在承认与父母有亲密关系的学生那里，这种亲密关系也没有反映在任何严肃的事情上。例如，当被问到家庭是否对伦理理想、美学品位和伙伴关系等的培养有影响时，在 2150 名被调查者中，仅有 1706 名学生做出回答。其中 56% 的人否认家庭有影响，仅 44% 的人承认有这种影响。

在对“家庭是否对形成明确的世界观有影响”这一问题作答的 1794 名学生中，58%的人给出否定回答，42% 的人给出肯定回答。有 2061 名学生对“家庭是否对择系有影响”这一问题作答。仅 16% 的回答者指出有这种影响，而 84% 的人予以否定。三分之二的学生否认家庭对尊重女性的培养有影响。

有四分之三回答问题的学生指出，家庭完全不指导其阅读。而在四分之一承认有这种指导的学生中，73% 的人指出仅限于童年时代，仅在其余一小部分人（2094 人里的 172 人）那里，家庭在青年时代仍指导其阅读。俄国知识分子没有家庭。我们的孩子们不知道家庭的培养作用，没有在牢固的家庭传统中汲取巨大的力量，例如，锻造出英国人的思想领袖的那种力量。在记忆中甄选俄国最负盛名的进步社会活动家、文学家和科学家，尤其是平民知识分子出身的，并提出这样一个问题：在他们中是否有许多人建立了进步传统牢固的家庭，孩子在那里会子承父业？我以为，对这个问题仅可能有一种答案：没有这种家庭，除极少数例外（我记不得有哪些）。我既不属于斯拉夫派的崇拜者，也不属于俄国贵族的崇拜者，贵族的影响开始走向结束，行将就木，但无法掩盖的是，在目前的俄国，思想牢固的家庭（例如，阿克萨科夫、霍米亚科夫、萨马林等人的家庭[3]）仅在斯拉夫派贵族中存在。在那里显然有传统，有那种唯一的培养的东西，存在肯定的价值，而在进步家庭中却没有这些，俄国最有才华的进步作家、讽刺家、政论家的孩子却要从与父辈断绝关系起步。

俄国的家庭，不光保守的，还有进步的、理性主义者的家庭，把人吓住的不单单是后继无人，不善于为民族提供文化领袖。家庭还有一桩厉害得多的罪过。它甚至不能够仅仅保留孩子的体力，防止他们过早地被腐蚀，一经如此又何谈进步、社会的彻底变革和其他高论。

我们的孩子绝大多数在进大学时已经腐蚀了。我们谁不知道，在中学高年级已经鲜有男孩没有逛过妓院，或者与女仆有染。我们对此熟视无睹，甚至不再感到这种状况的骇人之处，孩子们在这种情况下不知道童年，不仅过早地耗费精力，而且在青春年华时戕害心灵，毒化想象，歪曲理性。不要说英国和德国，在那里一般认为，有教养阶层的孩子的性状况比较正常，孩子受女仆引诱不像在俄国是寻常现象，而是例外。甚至在法国，我们把各种纵欲无度与它的名字联系在一起，甚至在那里，在那个南方暖阳和轻佻文学的国度，在有教养的家庭中，也没有那么大量的性早熟，像在北方寒冷的俄国这样……

根据上面提到的调查表材料，在967名指出第一次性关系准确时间的大学生中，61%的青年不晚于17岁，其中53名男孩在12岁以前开始，152名男孩在14岁以前开始。不久前在一本杂志上登出几篇描写八九岁男孩"堕落"的小说，俄国报刊顿时掀起一片愤慨之声。愤慨是公允的，因为小说的作者津津乐道他们所讲述的男孩覆灭细节，因为他们追求的只是轰动一时，是时髦的、浮泛的主题。而在愤慨声中也听到可耻的虚伪。一些批评家质问道：他们描写的是什么人？是谁？不幸的是，是俄国社会的孩子们，更加不幸的是，是有知识的进步社会的孩子们。

从另一本关于莫斯科大学生性状况的小书（《莫斯科大学生性自白摘抄》，莫斯科根基出版社，1908年）中可以看到，大学生中有人从7岁起开始有性生活……

想要隐瞒这一真相，想要掩盖俄国知识分子家庭中孩子从8岁起对性懵懂有知的事实，都仅仅是在证明对鸵鸟政策的信奉，我们的后代和整个国家都不得不指望这一政策。

这里还要加上危害种族的又一恶行——手淫。四分之三的对这一问题作答的大学生（约1600名）有勇气承认自己的这个毛病。他们所披露的细节是：30人开始手淫是在7岁以前，440人是在12岁以前！

二

学校在知识分子的孩子的生活中继家庭之后排在第二位。关于俄国中学的培养作用毋庸多说：在这里绝无二话。倘若读者对莫斯科的调查表数字感兴趣，我们不妨指出，例如，在2081名被调查的大学生中，有1791人（即86%）表示，他们与中学的任何一位教师都没有精神上的亲近感。

断定中学对形成世界观没有影响并不完全可信。有这种影响，但纯粹是负面的。如果说俄国知识分子的孩子在亲生家庭中已被“反证式”地培养，与父母的行为和思想相悖，那么，这种培养方式在学校则成为主导。孩子在学校感到身处敌营，遭人暗算，被人使坏和置于死地。在孩子的观念中，学校是大恶，但不幸的是，它不可避免。要忍耐并尽量少受其害：要得高分，但尽量少把力气花在学校，把自己的心迹藏得很深。欺骗，耍滑，低声下气——这些都是合法的自卫武器。教师进攻，学生防守。此外，学生在这场斗争中从家中取得父母做同盟军，父母对学校的观点与学生并无大异。无可争议，学校威信扫地的首要责任在教育行政机关——国民教育部身上，它从1871年起不加任何保留地提出把学校变为政治工具的目标。而现在这状况混乱不堪，很难分清原委，许多严肃的观察家都觉得，任何恢复官办中学权威的尝试都注定失败……

俄国知识分子青年终究在中学接受培养，但当然不是从教师那里，而是在自己的新伙伴当中。这种培养在大学得以继续。

否定这种培养的积极方面会令人奇怪。它给青年以一定的传统、牢固和明确的观点，教他们适应社会性，迫使其考虑别人的意见和意志，并磨炼他们自身的意志。伙伴关系给青年——从家庭和官办学校走出来的虚无主义者、一概的否定者以一定的积极的脑力兴趣。从应付和欺骗老师以及调皮捣蛋的战斗同盟开始，伙伴关系不仅在酗酒、逛妓院和讲黄色笑话的同盟中为继，而且在读书会、自修小组和随后的政治活动小组中存在。最后，这种伙伴关系是我们的青年所受到的唯一文化影响。如果没有它，酗酒、放荡、道德和脑力愚钝的青年要比现在多得多。

但就连这种“唯一的”、对俄国青年具有培养作用的文化影响，在它于俄国所形成的样式下，仍有许多危险和有害方面。在中学的伙伴关系中，青年已经潜入地下，成为被抛弃的人，而在地下活动中，人的个性被强烈丑化。青年脱离整个周围世界并与之为敌。他们鄙视中学（和随后大学）里的科学，建立起自己的一套与真正的科学毫无共同之处的东西。青年加入自学小组后，立刻对自己异常敬重，同时对别人异常傲慢。“发达的”中学生不仅鄙视他们的老师、父母和周围的一切凡人，而且对未读过非法书刊的同班同学盛气凌人。我上中学是在 80 年代，而据我现在的所见所闻，时下青年人的心理基本还是那样。只有秘密科学的对象发生些许改变，《萨宁》和魏宁格尔的书[4]代替民意党人的出版物而构成认识的桂冠，这又有什么值得高兴的？！特别的是，在我们那个时候，青年越是宣扬民主思想，就越是傲慢和鄙视地看待其他所有人和未达到其思想高度的同学。这种傲慢在中学高年级时产生，在大学生的心里更加发展，并无可争议地成为俄国全部在精神上傲慢、在思想上不容的知识分子的特点之一。通常几乎所有伶俐和发达的青年，怀着诚实和美好的渴望而不以独特的创造才华见长，都必然经过青年革命小组，并只有在这种情况下，才能免于道德覆灭和脑力愚钝。特别有才华的人，诗人、画家、音乐家、技术发明家等，却不被这种小组所网罗。经常是“发达的”平庸中学生十分傲慢地看待自己的同学，而这些同学在不远的将来声名鹊起。我的这种观察不仅限于中学生和大学生小组。在近几年的革命以前，俄国有创造才华的人已避开革命知识分子，不堪忍受其傲慢与专制。

三

在中学高年级暴露出来的精神品质在大学里得到充分发展。大学生是俄国知识分子的精华。对俄国知识分子来说，最高的褒奖是：老大学生。在俄国绝大多数有文化的人身上，知识分子的（或准确说是，“革命的”）活动止于大学，大学毕业后他们就“沉沦”了，他们在酒酣之际含着眼泪、在黎明前向伙伴细诉悔恨时，喜欢这样说自己。

在进步界通常只用赞叹的口吻谈论俄国大学生，这种奉承话曾给我们带来并正在带来许多害处。在不否定大学生身上优点的同时，还应当坚决指出他们的消极方面，这些最终要多于好的方面。首先要破除的是享有不可争议权的神话：俄国大学生比国外大学生高出一头。单从这一点来看就不可能为真：俄国大学生上课时间至少比国外少一半。我做这一计算并非基于对学习强度的主观评价（尽管它在俄国大学生那里无疑明显薄弱），而是基于客观数字：学习天数和时数。国外大学生被节假日吞噬的时间不超过俄国大学生花在节日上的时间的三分之一。而在教学日，国外大学生也比俄国学生上课多得多。在俄国，医学系上的课最多，但每天的必修课也不超过六小时（法律系是四五个小时），而法国的医学系学生要上七八小时的课。在俄国的法律系，听课记笔记的学生寥寥无几，别人惊奇地看他们，伙伴也取笑他们。走进巴黎法学院（Ecole de droit），你会看到，绝大多数学生都记笔记，而且记得多么好啊！我到现在都记得在看一位“中不溜儿”的（在俄国会被当作“不发达的”）法国学生的笔记时所感到的惊讶：他不需要誊清自己的笔记，他如此巧妙地抓住了教授的中心思想，并在脑海中赋予其标准形式。要知道听课不记笔记收效甚微。每位心理学家都知道，不可能不间断地保持消极注意力达一个小时，更别说五个小时了。只有罕见的演讲天才能够抓住学生的注意力，并在整节课保持在同一水平上。在多数情况下都会偶尔走神儿，溜号，学生会丢失思想线索，甚至会丢掉整节课。而我们的大学生怎样听课？他们就像中学生一样，在课堂上读闲书，看报，聊天，凡此种种。上课本身就是勉为其难，偶一为之，多是为了应卯。坦白说，俄国学生上课不能认为是在学习，绝大多数情况下学生在大学，除实践课以外，根本不学习。他“学习”，并且发奋，是考试或预考前在自己家里，头昏脑涨地死记硬背简明教科书或复制的讲义……对我来说，总会拿下面两样东西来比较俄国和法国的大学生，一样是我在托木斯克大学的医学系同学研究解剖用的海普纳简明读本[5]，另一样是法国医学系学生钻研的法腊布夫的厚厚的多卷本[6][这让进入医学院（Ecole de médecine）的俄国男女学生陷入无限绝望]。在法律系情况并不好些。法国大学生不读法国律师和国家法专家的经典原著就毕不了业，而在俄国，我大胆断定，95%的法律系学生在毕业时除了教科书和讲义外，没有再看过一眼其他书。

对俄国和国外高等技术学校的授课情况，我本人并不熟悉，只能从别人口中作出判断。毫无疑问，在高等技术学校（部分也在医学系），学生情非得已，由于实践课而不得不比法律系、历史语文系、综合技术学院经济学专业等的学生上课多得多。但即便在这里，按一般的评价，俄国学生的动手能力也不堪与国外学生相比。

俄国青年学习少并且不好，每一个真诚爱他们的人都应该不断当面指出这一点，而不是给他们唱赞歌，以高尚的社会政治动机来解释那些常常应当用脑力不足、意志薄弱、道德草率和习惯空谈来解释的东西。

青年的奉承者们把俄国大学生对英美大学生的优势建立在以下基础上：英国大学生把体育和肌肉锻炼放到首位，从他们当中打造出的是对任何精神兴趣陌生的肌肉动物。这又是不实之词。当然，英国大学生的日常生活中，有许多英国传统的东西，在俄国人看来有些奇怪，甚至与有知识的人不相称。但绝不可忽视的是，被知识分子嗤之以鼻的英国“肌肉动物”，在许多方面构成了俄国知识分子无法企及的理想。英国大学生首先来讲是健康的。在英国大学你找不出像在俄国革命青年中的75%的手淫者。英国大学生绝大多数没有逛过妓院。对俄国进步学生可不能这么说。英国的“肌肉动物”怀着高尚的感情走近女性，给她们带来身体健康的后代。在英国，“知识分子”首先来讲是种族的体质堡垒：他们给出的是强壮有力的人类个体。在俄国，身体最强壮的那部分人——神职人员，在经历过知识分子阶段后变得低能和退化，给出的是身体孱弱和目光短浅的后代。

德国高年级大学生及其联合会、笨拙的装束和帽子、呆头呆脑、泡酒馆、比剑决斗等特征，自然在俄国进步大学生中除鄙夷外，不会引起其他情感。可以理解，这一切毫无动人之处。但在这里也不应夸大。我本人只有一次见到过德国大学生联合会会员饮酒作乐。场面并不令人愉快，总体上符合对它的描写。但应该说，傻小子们的闹哄在我身上并未激起沉重感，像俄国进步学生酒后寻欢作乐所引起的那样。在这些醉酒中最不堪忍受的是,把放荡酗酒和关于人民不幸、反抗专制等漂亮话不伦不类地结合起来。德国高年级大学生喝醉酒，发型蠢，举止粗鲁，但他并不把自己的饮酒作乐装扮成举世忧伤。他在掀招牌和砸电灯时，意识到是在撒酒疯,而不会想象成是在反抗现行制度。而在俄国，无论在酒馆还是在他处，进步学生深情地歌唱船夫曲或《指给我一处居所》都更差劲儿……

俄国大学生似乎少有客观基础来支撑普遍流行的视欧洲大学生为低等种族的观点。论劳动能力程度，论所完成的实际科学工作量，论作风正派，国外大学生都至少不低于俄国学生。但他们所没有的是：我们的伙伴精神和建立在上面的俄国独特的大学生文化。

当然，这里面有一定真理。如果说俄国大学有什么东西有时让人难忘终生，那就是朝气蓬勃的伙伴精神和紧张的社会生活，它自始至终使大学生的神经保持高度兴奋，不致使他陷入个人功名利禄的自私泥潭。我再说一遍，这在一定程度上是真的。但与此同时在俄国似乎成为公认的、任何人都不感到难堪的事实是，热诚的青年理想主义者洋溢着崇高的革命冲动，但还没来得及拿到毕业证书,就摇身变为热衷功名的官吏，或自私自利的生意人。这种情况迫使人思考，在俄国大学生结局如此可悲的理想主义中有无虚假之物，是否有时并非是高尚的精神振奋，而不过是使人暂时兴奋、却终生疲软的大麻迷醉？

在瓦·瓦·罗赞诺夫十年前出版的《宗教与文化》文集中，有几页关于俄国大学生写得特别好、思考得特别深刻的内容。有才气的作家把俄国大学生比作扎波罗热的哥萨克[7]。在他看来，大学生在俄国的总体现实中宛如霍尔季察岛[8]，有自己独特的生活方式和风尚。瓦·瓦·罗赞诺夫写道：“对于这种精神上的哥萨克，对于年龄上的这些需要，在俄国有一大批出版物。谁都没有注意到，我们的一切所谓‘激进’刊物实际都不包含激进之物……论色调，论看事物的观点，论进攻和防守方式，这些都不过是‘青年人的杂志’‘青年文集’，是特殊的‘幼儿园’，只不过印出来给比福禄培尔[9]幼儿园更大的孩童。事情本来如此，这并非给俄国的阅读人群——商人、官员和地主看的刊物，所有这些有着成年人的兴趣、义务和关切的人用不着打开这些刊物，而这些刊物也压根儿不需要他们打开，俄国出版界对此心知肚明，努力证明它未免可笑。这里不仅有儿童自己的故事，即从儿童的观点加以解释的，不仅有完全抛弃了美学（仅为成熟头脑的产物）思想的儿童批判，而且有着纯粹来自青年人生活的整部宏大史诗、多部长篇和中篇小说，成年人根本不出场，被赶出去了，没有35岁以上的主人公甚至观众，并且所有接近这一年龄的人，尤其是过了这一年龄的人，都被弄得蠢兮兮的，像孩子想象的‘大坏人’，或以前哥萨克所描绘的土耳其人。大家都知道，在这些出版物中，在这种俄国历史和精神生活最独特的产物（我们在暮气沉沉的西欧生活中找不到它的类似物）中，有多少朝气和纯真。相应于国人的青年人年龄，青春在我们这里延伸得更广阔，在每个俄国人的生活中所占的面积更大,跨的年头更多,总之,比任何地方都更鲜明、更积极和更重要。老实说,它在哪里像在俄国一样,从自身,并且为自身发展出几乎一切创造形式,几乎一整个小文化,有自己的义人和罪人,殉道徒和‘叛徒’,有仅属于自己的歌曲、判断甚至几乎各门科学的萌芽。在这些科学的萌芽中,部分也在科学产生的实践萌芽中,也包括‘自己的’政治。”

这幅以细致和善意嘲讽的笔触艺术地描绘出来的画面,给出了俄国大学生和专为其脑力需要而产生的出版物的鲜明真实写照。但瓦・瓦・罗赞诺夫却忽略了一点,俄国知识分子在走出这一独特的青年文化后,并未进入任何其他文化,仿佛置身荒漠。对人民来说,他们终究是“老爷”,而在大学毕业后仍过大学生的生活对绝大多数有文化的人来说当然不可能。其结果是,昨天的激进分子和社会福利的热诚崇拜者,在今天却抛弃一切思想和社会活动。当他在大学里时,这种独特的大学生文化似乎给他许多东西,而一旦离开大学,他便感到一无所获。

“资产阶级的”科学为他所鄙视,他只学拿文凭所需要的那么多，他制定详细的自学计划，但结果却没有学会哪怕有条理地阐述自己的思想，不知道物理科学的基础,不了解家乡的地理和俄国史的主要事实。而大学生活本身及其集会、互助储金会和社团等，这些是否是真正的社会生活，或即便是它的预备课堂？或者也许，它更是白白的沸腾，吞噬所有时间，仅给出内容的假象？终日的奔波不允许长时间地独处，不允许对自己的生活给出交代，不允许考虑要准备哪些行装迎接未来。有些大学生在这些集会上锻炼口才，学习讲话和抓住听众。但这一课堂终究无论如何也比不上议会制辩论[10]，这种辩论在培养出英国有名辩才的英国学校十分流行。俄国的大学生群体随大流并且不容人；他们的判断简单化，更多依靠激情，而非理性。大学生集会上的热门演说者总以其思想简陋贫乏、语言不形象而使人吃惊。他们从固定的经传出发，满口格言警句。若使语言生动形象，就必须和各种各样的人交流，学会观察生活，理解别人的思想感情。无论哪个方面，我们的激进学生都不擅长。他们生活在自己狭小和封闭的小组内，终日消磨于其中的些许小利和小打小闹。在发达的高年级中学生那里已然可见的傲慢，在大学生那里尤甚。凡不认同其小组内观点的同学，都被他们不仅斥为笨蛋，更斥为小人。当多数人站在他们一边时，他们对少数人就像对奴隶，把少数人代表赶出一切大学生协会，甚至纯粹以物资互助为目的的协会。

大学生列甫琴科抱怨道“大学生意识里的片面自由比一切奴役都更苦涩”，俄国几乎所有报刊都提到了他谈青年人的热烈而真诚的文章（《俄国思想》杂志，1908 年，第 5 期）。“大学生生活的整个方式都充满对内心自由的否定。不像大学生群体那样去想会很可怕！你会遭驱逐，被指责为叛变，被当作敌人……政治学说在这里被奉为信仰，在其宣扬者中，不接受或者背离新的正统教会遭到无情的惩罚。不仅个人意见，就连科学论断也遭到同样严厉的审查。所谓的抵制在大学生环境中起到行政流放的作用。谁是独立思想的表达者，谁就会被隐含的怨恨包围和排挤。那时会有相当多的未经核实的传闻和诽谤性的指责，来诬蔑那个遭大伙嫌弃的人。大家都知道发生在维金斯基教授身上的彼得堡事件[11]。这位在谢·尼·特鲁别茨科伊公爵过世后几乎最好的俄国哲学教师，在缺乏任何明确表述的指控下，在高等女子专修科和大学里受到最残酷的迫害……还知道的是，例如，学员们对谢尔盖耶维奇教授的观点横加指责；还可以指出彼得堡综合技术学院几乎刚进校的大学生针对伊万纽科夫教授的‘造反’……在大学生看来，评价教授的标准无论如何不是其学术造诣；关于这些，我们很少知道，也很少去想。在这里起主要（如果不是唯一的话）作用的是或多或少被正确猜到的政治好恶……”

列甫琴科的文章发表后，大学生记事栏丰富了以下内容：激进青年哄笑莫斯科大学校长亚·阿·马努伊洛夫，在圣彼得堡女子医学院，女学生代表与教授委员会讲话的语气使后者被迫中断与她们谈判，如此等等。

“对民族荣誉漠不关心，对自由原则的狭隘自私理解，以及对旁人意见的专横不容，”列甫琴科总结道，“这些就是俄国青年学生从产生他们的知识分子环境中所吸收的最典型的特点。这些害人的原则在大学生活中暴露无遗；大学生从知识分子环境中吸收的这些原则又被返还回去，造成社会智力的枯竭和社会理想的单调。”

紧张而亢奋的大学生生活制造出庞大社会事业的假象，吞噬大量学习时间，妨碍大学生省察内心，从而影响对其行为和思想给出准确诚实的交代。而没有这一点就没有、也不可能有道德的完善。但道德的自我完善在进步青年当中完全没有威信，不知为何被他们信为“反动的杜撰”。尽管在理想中道德的自我完善被随时准备为朋友舍命（这一点下面要谈到）所代替，但在绝大多数——瞧瞧！——平庸的人那里，却仅仅被代之以说大话和在集会上通过激进决议。

打着漂亮的旗子随便运送什么货色。“大”阿捷夫[12]，当代头号英雄，从偷了几百卢布发迹，但因为他解释说，他需要这笔钱继续学业，并且因为他在社会生活中持极左立场，人们就原谅了他的一切，充满信任地看待他。只有当这位先生多年的挑拨活动被偶然揭发时，他生活中的这一幕才被人记起来。同样的事还发生在另一位有名的挑拨者古罗维奇[13]身上，他谋划通过合法出版的马克思主义《开端》杂志来捕获社会民主党人。古罗维奇的个人德性千疮百孔，这一点大家都知道，但只要古罗维奇先生自称是革命者并大声发表革命讲话（他竭力向社会民主党人注入恐怖主义），人们就原谅了他的一切，对他的“过错”睁一只眼闭一只眼。而当他的挑拨活动曝光时，人们才记起这一切，并添枝加叶……

一位成年的大学生、有思想的知识分子，力图靠欺骗在考试中“蒙混过关”、欺骗教授——这种情况似乎应当引起同学的明确态度。但在大学生当中，这种功夫却得到异常的宽宏大量。就连毕业证书造假这种事也不能引起任何人愤怒。列甫琴科（我们在前面谈到过他那篇真诚的文章）强调撒谎在大学生当中十分普遍。他写道：“在辩论紧张时撒谎，为了打破左的纪录撒谎，为了保持热门而撒谎。昨天在集会讲台上赌咒发誓、发表鼓动演说的革命者，今天走进考场，为了什么也不会而‘蒙混过关’，拿出可怜和骗人的招数；在考试时脸吓得煞白、哆里哆嗦地回答问题；‘蒙混过去了’，他又神气活现起来。”

这种亢奋在纯粹的社会领域也并非总有好的结果。大学生在集会上“因怕犹太人”而常常通过一些决定，而在单独每个人的心里并不赞同这些决定，意识到自己没有能力实现。由此可以解释大学生在冲突中的表现，这种表现不仅令教授绝望，而且也在爱青年、但不肯奉承他们的人身上激起真诚的愤慨。当对大学生做出某些让步时，他们便开始以为，人们害怕他们，他们就变本加厉，颐指气使起来。而当他们碰上强硬的反击时，他们就投降，退却，如果有可能，就用“大学生在准备战斗”一类响亮的词句来掩盖。需要事实来证明这一点吗？1908年极其不幸的大学生罢课[14]留下的事实还不够嘛！

在标志着俄国生活发生根本转变的1905年10月17日[15]以后，这些负面特征让人感触尤深。在此之前，俄国社会和人民能够并且应当原谅大学生的一切，为着他们在国家生活中所起到的巨大积极作用。在当时已有的一切严重（如我们所见）缺点的情况下，大学生同时也是几乎唯一有文化的一群人，思考的不仅是其个人利益，而且是整个国家的利益。大学生唤醒了社会思想，使政府紧张不安，不断提醒专制官僚过去不能、现在也不能压制整个国家。这其中有巨大的功劳，为此可以原谅许多。

现在，大学生稚嫩的双肩所不堪承受的这一任务已经卸去，社会也向他们提出另外的要求：知识、技能、道德修养……

四

无论俄国知识分子青年的不同群体持何种信念，倘若更深刻地思考其心理，我们就会发现，最终他们都被同一种理想所驱动。这种理想，倘若不把它看成思辨的、多少有些随意的体系，而是一种以不可阻挡之势推动意志采取一定行为的实际力量，那么，它就不在于对人类未来的幸福做种种幻想，“从我身上将要长出牛蒡来”。这种理想具有很深的个人隐秘性，表现在追求死亡、想要向自己和别人证明，他不怕死，随时准备接受死亡。这其实是俄国革命青年中最纯真的代表所承认的、唯一合乎逻辑且道德的信念论证。“你的信念使你牺牲在十字架上——它们是神圣的、进步的，你是正确的……”

请注意在俄国舆论中树立起来的“左”的递进。它的基础是什么？为什么社会革命党人被认为比社会民主党人，尤其是孟什维克更“左”？为什么布尔什维克比孟什维克更“左”，而无政府主义者和最高纲领派比社会革命党人更“左”？要知道孟什维克是正确的，他们证明，在布尔什维克、社会革命党人和无政府主义者的学说中有许多小资产阶级成分。很清楚的是，“左”的标准在其他方面。谁离死更近，谁的活动“更危险”，并非对与之进行斗争的社会制度，而是对行动的个人本身，谁就更“左”。总之，社会革命党人比社会民主党人离绞刑架更近，而最高纲领派和无政府主义者比社会革命党人离得更近。正是这一情况对尤其敏感的俄国知识分子青年代表的心灵产生了有魔力的影响。它迷惑他们的头脑，麻痹他们的良知：一切以死亡结束的都被圣化，赴死之人、每天冒着掉脑袋危险的人，干什么都可以。任何反对意见都被一句话噎了回去：“在你身上，资产阶级的贪生怕死在作祟。”

最极端和最彻底的最高纲领派甚至当面指责社会革命党人犯立宪主义、资产阶级性甚至反动性的毛病（例如，参看最高纲领派理论家 E. 塔格－因的小册子《答维克多·切尔诺夫》）。“最终目的的社会主义，”E. 塔格－因写道，“对谁来说都不危险。资产阶级民主派能轻易地变成它的（即社会革命党的）思想家，诱骗它脱离正确道路……我们再说一遍：农民和工人，当你去斗争和在斗争中死去，去斗争吧，去死吧，但要为自己的权利，为自己的需要。”重心就落在这个“去死吧”上面。

“去死吧”这一原则在指挥不多的、被选定的人的行为时，尚且能够保持这些行为有很大的道德高度，但是，当“命中注定者”的范围扩大，内在的逻辑必然导致在俄国所发生的事情：导致这一切污泥浊水，杀人，抢劫，盗窃，各种放荡和挑拨。人们不能只靠一种关于死的想法而活着，不能把随时准备去死作为自己的一切行为标准。一个人每分钟都准备去死，当然对他来讲，无论日常生活，还是道德问题，或是创造和哲学问题本身，都不会具有任何价值。要知道，这无异于自杀，并且无可争议的是，许多年以来，俄国知识分子表现为由该着去死，并尽量速死的人组成的特殊修会。倘若目标就是自我牺牲，那么有何意义等到成年？怂恿青年人牺牲岂不更好，何况他们更容易激发？既然这种“命中注定”给青年以特别的道德面貌，那么终究清楚，在死亡的理想上建立生活毫无可能。可以明白，我所说的还只是那些言行并不分家的知识分子。其余大量“赞同”或甚至怂恿、而自己不去死的人，他们的道德状况无疑可悲和可怖。由此，我们完全可以理解“悔改”“自责”凡此种种构成俄国知识分子的傍身之物，尤其在特殊的奋发时期。同样可以理解，一个意识到自己“无权活着”，感到自己的言语、思想和行为常常彼此相左的人，不能建立起人类生活配得上的形式，不能成为自己人民的真正领袖。但无限真诚和用鲜血染红赤诚的人同样不能起到这种作用：因为他们教导的不是活，而只是死。

凡事当然自有其原因。俄国知识分子的心理状态亦有其深刻的历史原因。但两者必择其一：要么整个俄国该着去死，命里该绝，没有办法获救；要么就是，俄国知识分子这一主要的、照我看来尤其深刻的心理特征应该发生根本转变和全面转折。对千百万同胞共同生活的热爱应该代替对死的热爱而成为主要的活动动机。对生的热爱并不等同于对死的恐惧。死不可避免，应当教导人们平静地、有尊严地迎接死亡。但这与教导人们寻死、以是否危及死亡而看重每一行为和思想完全是两回事。在这种对死的过高评价中不也隐藏着对它的特殊恐惧吗？

深刻的思想骚动目前笼罩着俄国有文化的社会。只有产生出能够在俄国青年身上唤醒对生的热爱的新的理想，这种骚动才会富有成果和创造性。

这是我们时代的主要任务。

俄国绝大多数平庸的知识分子终究活着和希望活着，但却在内心宣扬只有渴望自我牺牲才是神圣的。这是俄国知识分子的悲剧。深刻的精神矛盾与知识分子的无文化和无教养有关，与世代奴役和缺乏严肃培养所产生的诸多负面有关，这些因素使俄国平庸的知识分子变得如此软弱无能。知识分子从学校毕业并进入实际生活以后，在思想和精神上没有跃入另一个更高层次。相反，他们常常抛弃各种精神兴趣。

死亡和导致死亡的革命活动成为没有自我抛弃的人的理想。在这一理想下，安排个人生活、履行承担的私人和社会事务、制定与周围人交往的实际规范等各种关切都被宣布为资产阶级的事情。人活着，结婚，生子——有什么办法！——这是不可避免的、但却是一小部分，不应该喧宾夺主。对“差事”的态度同样如此——倘若俄国知识分子不能成为靠组织经费过活的“职业革命家”，差事对养家糊口必不可少……

人们常常试图把现代革命者同古代的基督教殉道徒等同起来。但这两种人的内心气质完全不同。他们所产生的文化果实也不同。“我们原知道，”使徒保罗写道（《哥林多后书》第 5 章），“我们这地上的帐篷若拆毁了，必得神所造，不是人手所造，在天上永存的房屋。”众所周知，基督教殉道者中有许多成年人和上了年纪的人，而在丧命于断头台上的现代俄国积极革命者中，35 ~ 40 岁出头的人非常罕见，成为例外。在基督教中占主流的是努力教导人平静地、有尊严地迎接死亡，而激励人以基督的名义寻找死亡的流派较少能成气候。在教父那里我们甚至会看到斥责寻死之人的傲慢。

我允许自己跑题，是因为它能解释我的思想，解释为何俄国知识分子不能创造严肃的文化。基督教创造了这种文化，是因为它为死后安乐设置的条件不仅是“死得其所”，而且是在尘世过虔敬良好的生活。用“天上的房屋”来安慰现代革命者未免奇怪。

两性关系，婚姻，关心子女，多年苦学获得的牢固知识，喜爱的事业，亲眼看到它的果实，现实生活之美——倘若一个有知识的人的理想是成为职业革命家，过上两年紧张不安的战斗生活，而后在断头台上丧命，那么这一切又从何谈起？

当然，俄国知识分子的这一精神面貌是专制制度在俄国统治了几个世纪的结果。没有这些品质，知识分子怎能在最近半个世纪英勇斗争，令全世界瞩目？但我们在 1905 年 10 月 17 日走到转折点上。现在，在充分看重俄国知识分子往日功绩的同时，我们也应该开始考虑其阴暗面。在斗争激烈时可以不注意这些。在进入俄国新的历史之际——它标志着社会力量（无论何种力量，也无论其合法代表权遭到怎样歪曲）同政府公开活动——不能不对以下问题有所交代：历史上形成的俄国知识分子的性格给俄国带来哪些危害。

我一分钟也不想要否定，除了寻找死在十字架上的苦行，俄国知识分子——革命的、社会主义的和一般民主的——也从事一些创造性的组织活动。一些知识分子以各种方式组织工人阶级；另一些人把农民联合起来争取自身作为消费者、土地承租者和劳动力出卖者的利益；还有一些人投身人民启蒙，地方自治活动家培育地方自治的萌芽。所有这些无疑都是构成历史事业的有机的、创造性的活动。但同样知道的是，这一需要付出巨大精力和自我奉献的活动的结果却相对很小：国家总的发展进展缓慢。不能单用外部原因来解释这一事实。倘若我们从结果转向活动者的心理，就会看到，他们在工作时并不完全相信自己的事业，没有投入全部的爱，沮丧地，抱着恼人的想法：还有更重要的、更严肃的事业，但不幸的是，他们由于意志薄弱也好，由于其他原因也好，而不能去创造。都知道，最早一批社会民主党人，所谓的“经济派”[16]的活动受到怎样对待，他们以正确的本能悟到，最重要的是组织工人群众并从工人自身当中培养领袖。第一批社会民主党人入狱和流放，但这并不影响给他们的观点打上可怜、怯懦和卑微的印迹。而更糟糕的是，“经济派”本身对自己的事业不够理解和相信，不能公开和大胆地捍卫他们的观点。非得有反动派的恶行，才能让阿克雪里罗得[17]和其他一些孟什维克开始重新证明那条真理，即工人的社会民主党没有工人便不可思议，但证明起来却带有神秘的泄露“天机”、忸怩作态和说大话。人民社会党人不得不从自己的“左派朋友”那里听到同样多的怯懦、机会主义和内阁主义的指责，再慷慨地飨之以立宪民主党人。地方自治活动家也接受这种馈赠："不是自由派地方自治人士用他们的学校（实际与教会学校并无大异）准备了一场伟大的革命，而是即便地方自治运动在此方面或有所得，也是拜第三种分子[18]所赐。第三种分子给西皮亚金[19]们和普列韦[20]们以物资，他们才开始整列整列地运往西伯利亚定居点。可贵的是地方自治运动的秘密活动，而不是公开的、需要汇报的工作。"（《觉悟的俄罗斯》，1906年，第3期，第62–63页）

重要的不是这些指责本身，而是听到指责的人认为在内心深处受其压抑。他们从来不能找到原则性的观点，给他们以力量公开捍卫自己的事业，承认它的自足的价值，说他们自觉地把自己的全部力量贡献给这一事业，并且看不出这样做有什么不好。不，他们总是力图为自己辩白，甩掉这些沉重的指责。"经济派"社会民主党人试图证明，他们并非"经济派"，极端革命党人同样如此。孟什维克证明，他们没有沾染修正主义[21]和工联主义[22]，而是保留着最炽烈的正统革命火焰。人民社会党人对一切立宪民主主义的暗示嗤之以鼻。立宪民主党人同样力图暂时摆脱分析的理性，以便乘着幻想的翅膀翱翔，如此等等。

从这里产生出两个非常重要的后果。第一，在俄国，平庸的知识分子大众大多不喜欢自己的事业，也不了解它。他是不怎么样的老师，不怎么样的工程师，不怎么样的新闻记者，不中用的技术人员，凡此种种。他的职业对他来说是某种偶然的、次要的、不值得尊敬的事情。倘若他对自己的职业着迷，全身心地奉献给它，等待他的是伙伴们的冷嘲热讽，既来自真正的革命者，也来自夸夸其谈的无所事事者。但只有掌握扎实的、货真价实的专业知识，才能在居民中获得重大影响，在现代生活中举足轻重。没有这些知识，单靠一些通俗的小册子，不可能在生活中长久起作用。倘若回忆起，俄国知识分子在中学和大学里接受的是怎样可怜的教育，就会明白，缺乏对本职工作的爱，以及拿来解决一切问题的革命草率所具有的反文化影响。对于以上所说的公正性，历史给了我们过于响亮的证明。最终应当有胆量承认，在我们的国家杜马中，除三四十个立宪民主党人和十月党人[23]外，绝大多数代表未显示出动手管理和改造俄国所必需的知识。

第二个后果同样重要。在危机时刻、人民运动或甚至一般的社会奋发时期，极端分子在俄国迅速掌握一切，几乎碰不到来自稳健派的任何反击。知识分子飞快地投向那些不是在口头上，而是在行动中随时拿自己的生命冒险的人。“痛苦的良心”发作：一个人在一时冲动下将自己往日多年的全部活动一笔勾销，他显然从未喜欢过这类活动。在这个领域里不仅有喜剧，还有严重的思想和生活悲剧。10 月 17 日以后的日子在俄国并未出现强有力的在居民中有影响的人物，大手一挥制止革命并立即动手改革，明眼人已经很清楚，自由事业暂告失败，还要经过多年顽强的斗争，这一诏书的原则才能付诸实现……

也许，对俄国知识分子最沉重的打击不是解放运动的失败，而是青年土耳其党人[24]的胜利，他们能发动民族革命并几乎不流血地取得胜利。这场胜利应当迫使我们严肃地思考俄国知识分子生活和性格中的某些方面，迄今为止在俄国几乎从未想过这些。①*

① 从写下上面几行文字时起，青年土耳其党人在八个月不流血的革命后转入政治生活的第二阶段。右派和左派都对他们——如同对创造性力量——发起进攻。无论何时、在任何国家都是如此。土耳其的阿赫拉尔起到俄国的社会革命党人

（接上页）和社会民主党人的作用。倘若青年土耳其党人在这一次也赢得胜利，那么仅仅是因为，在他们身上表现出土耳其民族国家的创造力。当然，青年土耳其党人也可能在上当受骗的愚昧反动群众和分离主义者的打击下覆灭。但他们的灭亡是土耳其的灭亡，青年土耳其党人的历史已然是并永远是道德威力的鲜明例子，鼓舞革命的民族国家理念把这种威力赋予革命……——1909 年 5 月第二版注释

* 我有责任对本书前言所表述的“立场”做如下保留：我完全接受那里阐述的主要论点，但在其原则理由上同其他作者有分歧。

译注

1 尼古拉·瓦西里耶维奇·舍尔古诺夫(Шелгунов, Николай Васильевич, 1824—1891): 俄国革命民主主义者、政沦家和文艺批评家。

2 《事业》(Дело)杂志是俄国进步的科学、文学刊物,1866—1888 年在彼得堡出版。1883 年起是温和自由派的刊物。

3 阿克萨科夫一家指谢尔盖·季莫费耶维及其子女——康斯坦丁、伊万和薇拉,霍米亚科夫一家指阿列克谢·斯捷潘诺维奇及其儿子德米特里和尼古拉,萨马林一家指尤里·费多罗维奇和德米特里·费多罗维奇。这三个家庭不仅是古典斯拉夫派的中心,还在 19 世纪末 20 世纪初尝试开创新斯拉夫派。

4 指米哈伊尔·彼得罗维奇·阿尔志跋绥夫的长篇小说《萨宁》(1907)和 O. 魏宁格尔的《性与性格(基础性研究)》(1904;1909)。

5 指俄国医学博士、外科手术教授卡·费·海普纳的《人类解剖学基础(医学院学生简明手册)》。

6 指法腊布夫的四卷本《外科手术基础(医学院学生手册)》,1886—1887 年从法语译成俄语出版。

7 指 16—18 世纪第聂伯河石滩地区的乌克兰哥萨克营地,曾长期保持独立。

8 霍尔季察岛是乌克兰第聂伯河最大的岛屿,扎波罗热营地的中心。

9 弗里德里希·威廉·奥古斯特·福禄培尔（Fröbel, Friedrich Wilhelm August，1782—1852）：德国教育家，学龄前教育理论家，最早提出建立幼儿园的思想。

10 指模拟议会制国家政府讨论议案方式进行的辩论，起源于英国 19 世纪初期。

11 指维金斯基教授在彼得堡高等女子专修科授课时，因对女学生罢课颇有微词而受到谴责、被迫辞职一事。

12 叶夫诺·菲舍列维奇·阿捷夫 (Азеф, Ефно Фишелевич，1869—1918)：俄国社会革命党战斗组织领导人之一。1892 年起成为沙俄警察司密探，1908 年被揭穿。

13 米哈伊尔·伊万诺维奇·古罗维奇 (Гурович, Михаил Иванович，1862—1915)：俄国保安处密探，潜入社会民主主义运动从事破坏活动。

14 指彼得堡大学学生在 9 月份为捍卫大学自治原则而发起的罢课，这一号召得到莫斯科、喀山、哈尔科夫等地大学的支持。在莫斯科大学成立了各政治团体代表的联合委员会。但很快在 10 月份就有一些团体退出了联合委员会。

15 沙皇在这一天颁布了允诺给予"公民自由"和召开"立法"杜马的宣言。

16 经济派是 19 世纪末—20 世纪初俄国社会民主党内的一个派别，主张工人阶级只进行提高工资、改善劳动条件等的经济斗争，政治斗争是自由派资产阶级的事情。

17 帕维尔·波里索维奇·阿克雪里罗得 (Аксельрод, Павел Борисович，1850—1928)：俄国孟什维克领袖之一。1883

年参与创建劳动解放社。

18 第三种分子指在地方自治机关里受雇佣担任农艺师、统计人员、医生、教师等职务的平民知识分子，区别于政府与行政当局人员（第一种分子）和选举产生的地方自治机关代表（第二种分子）。

19 德米特里·谢尔盖耶维奇·西皮亚金 (Сипягин, Дмитрий Сергеевич，1853—1902)：俄国国务活动家，1900 年起任内务大臣，鼓吹在少数民族地区推行俄罗斯化政策。

20 维亚切斯拉夫·康斯坦丁诺维奇·普列韦 (Плеве, Вячеслав Константинович，1846—1904)：俄国国务活动家，1902 年起任内务大臣，鼓吹在少数民族地区推行俄罗斯化政策。

21 指在革命工人运动内部产生的、对马克思主义原理进行修改和代替的派别。

22 指资本主义国家工人运动和工会运动的一个派别，主张在资产国家允许的范围内进行有限的改革，争取创造出对工人较有利的条件。

23 指俄国十月党的成员。十月党（十月十七日同盟）成立于 1905 年 11 月，名称取自沙皇 1905 年 10 月 17 日宣言，代表和维护大工商业资本家和按资本主义方式经营的大地主的利益。

24 指 1889 年在伊斯坦布尔成立的土耳其军官和知识分子的秘密组织“统一与进步”的成员。1908 年 7 月，青年土耳其党人在军队的支持下发动上层资产阶级革命，迫使土耳其苏丹签署了召开议会的诏书。1909 年 4 月，青年土耳其党人在忠于苏丹的军队叛乱被粉碎后组成了新政府。